IKKO 心の格言
200

1

格言は、格言をつくろうと思ってつくると、格言ではなくなる。

「おだやかなところに言葉は生まれません。老化の葛藤、仕事の葛藤、人間関係や恋の葛藤……自分が追いつめられていくから、追いつめられたときに言葉は生まれるの。自分らしく生きていくということは、心に刃を乗っけること。ハッキリ生きるって、自分を通すことだから、他人の反論の感情にさらされるのよね。だから自分らしく生きていこうと志すほどに葛藤は増えていく。そして日々が、おだやかなものではなくなります。でも葛藤にもまれても悲劇のヒロインにはならないこと。心が追いつめられていくことは、悪いばかりでもないの。心が追いつめられないと気がつけないことだってたくさんあるから。追い

つめられたときこそ『これが私の人生を深くしてくれる』と感謝しましょう。難しいかもしれないけど、気持ちを切り返すことです。私の言葉は、だいたいそんな気持ちの切り返しの瞬間に生まれてきました。頭で考えて言葉をつくろうと思ったって、そんなものは虚像よね。必死に生きて葛藤を乗り越えた瞬間に確信する言葉が、きっと本物」

1 格言は、格言をつくろうと思ってつくると、格言ではなくなる。

第一章 美容の格言

2 ヘアメイクは人生の武器。
3 女の気合いと覚悟は脚に出る。
4 運を決めるのは目。目で勝負は決まるのよ、格闘技とおんなじ。
5 アイメイクの出発点は、すっぴんに影を見つけるところから。
6 上達にはモノマネ。
7 アイメイクの下手さは精神的な不安定さ。
8 アイメイクは魂の表現。
9 年齢を重ねたら、目に関してはぬるいこと言ってられないわ。
10 色を追求すると魅力が生まれる。
11 アイラインは魔除け。
12 まつ毛は女優。
13 悲しいときはまつ毛の真ん中を上げること。
14 茶色のマスカラを使うのは、仕事に無我夢中のときと失恋したとき。
15 マスカラ選びはラーメンと一緒。
16 眉毛は品格。
17 眉は3分割すると上手に描けるわよ。
18 悩んだら眉毛の専門店でカットしてもらえば？
19 困り眉がモテるなんて大きな勘違い。
20 眉の正解は顔の形が決める。
21 チークは華よ、華のマジック。
22 100人の中から一瞬で選ばれるのは、チークの女。
23 ハイライトは存在感。
24 チークの形でハートを見せるの。
25 自信のある女はノーチーク。
26 不平不満が多いと顔ってたるむのよ。
27 画用紙の色をくつがえせるのが、似合う口紅。
28 男の前で真っ赤な口紅は、露骨すぎるからモテないの。
29 口角は知性。
30 口紅は「心と真逆」を選ぶこと。
31 メイクする気がおきないときは、肌を磨くこと。
32 肌が均等な人なんていないわよ〜。
33 肌が透けてるか、分厚いかでベースメイクは変わるもの。
34 鏡から50㎝離れなさい。
35 一発で消えないコンシーラーなんて間違ってる。
36 ファンデーション選びって、今やパックを選んでるみたいなものね。
37 美肌づくりは、畑づくり。
38 今日の乾きは、明日の老化。
39 美白って、肌にお金をかけてる証。
40 多忙なときこそスペシャリティー。
41 昨日食べたシフォンケーキの弾力が、理想だわ。
42 スキンケアもインナーケアも、まずは流すこと。
43 古い角質はなるはやどり！
44 オーキデは逃がさないわ〜。
45 家事するも、2枚手袋。
46 髪は成功の象徴。
47 大切なのは、洗い方。
48 ヘアカラー選びは、まるでファンデーション選び。
49 手入れの行き届いていない髪は、毛玉のできたタイツ。
50 うわっつらのアンチエイジングなんか必要ないわ。
51 肌に自信がなくなったら、とにかくプロ。
52 美に執着しすぎた女は目が輝いてないの。
53 たまには自分を許してもいいと思う。

第二章 仕事の格言

Index

103 仕事の温度は成功に比例。
104 カリスマ性って、極めるところから生まれるの。
105 自分が立ち直っていける方法くらい、自覚しておかなくちゃ。
106 キャリアとは、先を読めるスキル。
107 確信犯かな、と思った時点で確信犯。
108 物事を知らないって、怖いのよ〜。
109 仕事を極めたら、次に必要なのは鈍感の力。
110 心も美しく生きようと決意した人が最後は勝つ。

第三章 恋愛の格言

111 振り回される恋の切なさは「酔ってるだけ」。
112 恋はシーソー。
113 相手の「悲しい顔」を見たくない、が情の正体。
114 恋ができなくなってるなら、女に戻る時間をつくること。
115 最初に「2人のルール」を決めた方がいいわよ。
116 愛するって、どれだけその人を許せるか。
117 金の切れ目、仕事の切れ目、情の切れ目が縁の切れ目。
118 恋愛を詰めない男は、仕事も詰めきらない。
119 男の「忙しい」はだいたい嘘。
120 男の状況は目を読むこと。
121 いい男には、味がつく。
122 哀愁のある男は大丈夫。
123 テンションの続かない男と付き合うと不幸になる。
124 なんとなくの彼、でも心の余裕はくれるわ。
125 あんたそれ、キープよ。
126 結婚したら地獄って、まぁそうかもね。
127 自分にとっての結婚適齢期を決めなさい。
128 恋の始まりからだらしない男は、付き合うともっとだらしない。
129 仕事の関係者とは恋に落ちないこと。
130 いい加減な男ほど、楽しいことにしか興味がない。
131 感情を共有した人の勝ち。
132 恋愛相談で人柄はバレる。
133 恋愛はゴールだらけ。
134 理性で別れるのは美しい終わり方じゃないわ。
135 男はプライドで嫉妬する、女は想像で嫉妬する。
136 愛人の才能、ってあるのよ。
137 タブーを犯した恋に、涙は当然。
138 フタをすればするほど恋心は募るもの。
139 諦めても諦めなくても、結果は変わらない。
140 人生のなかで忘れられない人。

第四章 お金の格言

141 ゴールドは成功の色。
142 30代までは貯めなくていいわよ。
143 トイレ掃除は基本中の基本。
144 1円だって汗と涙の結晶。
145 思い込みは最高のブランド。
146 頭のてっぺんから足の先まで、一流は一流。
147 見栄はひとつの先行投資。
148 物欲はパワーの証。
149 人の喜ぶところにお金は集まる。

第五章 人生の格言

Index

Profile

IKKO（いっこー）
1962年1月20日生まれ、A型。福岡県出身。
19歳から高級美容室『髪結処サワイイ』で8 年間修業ののち独立し、
ヘアメイクアップアーティストへ。30歳のとき、自身を含めた
ヘアメイクアップアーティスト事務所『アトリエIKKO』を設立。
ここから経営者として15年、経営哲学を、実体験を通して学ぶ。
ヘアメイクアップアーティストとしての実力は業界で一目置かれ、
指名がやまない日々が続いた。数々の雑誌の表紙のヘアメイクを飾り、
テレビCM、舞台等でのヘアメイクに携わることでIKKO流「女優メイク」を確立。
圧倒的な女優たちからの支持を得る。特に和装のヘアメイクにおいては、
目をみはるほどの作品の数々を残してきた。
42歳のときに情報番組『ジャスト』（TBS）に
出演したことをきっかけに、美容家として世間の注目を集める。
『おネエ★MANS』（日本テレビ）でブレイクし、
その後、「どんだけぇ～！」で話題に。現在は、その知識と感性を活かし
「美のカリスマ」として、メディア出演以外に振袖や化粧品等さまざまな商品開発、
執筆や講演、音楽活動、プロデュース業など、その他多数の受賞歴あり。
2009年には韓国観光名誉広報大使に任命され、活躍の場は海外にも及んでいる。
マリ・クレールジャポン「プラネットミューズ賞」（2008年）、
「ソウル観光大賞」（2009年）など、その他多数の受賞歴あり。
近年では50の手習いで始めた書道が評価され、書道展でも多数入選。
幼少期から抱えていたコンプレックスを乗り越えることによって
身につけた生き方学が、多くの共感を得ている。

第一章
美容の格言

2

ヘアメイクは人生の武器。

「人は見た目じゃないって言う人もいるけど、まずは見た目、次に人格。女優さんにヘアメイクするときだって、役柄に合わせて細部を変えるものです。みじめな女か、勝気な女か、やさしい女か……これと同じ工夫は、プロに頼まなくたってできる。たとえば今日いきなり10kgやせろって言われても絶対に無理！　でも少しでもやせた風に見せる工夫ならできるでしょう？　一番よくないのは惰性でヘアメイクをすること、工夫を諦めることね。昔の流行や思い込み、クセでできあがった自分は、不本意な印象を人に与えます。単純な美しさばかりを追求するのは青二才。ヘアメイク、そして美容にはすべてにおいて、女性が人生を勝ち抜くための知恵が必要よ」

3

女の気合いと覚悟は脚に出る。

「脚が美しい女は知的。自分の意識から一番距離のある脚に、意識を行き届かせているってことだから。**究極はピンヒールが似合う脚であること。**太って、歩きやすさを優先……つまりラクな生活ばかりしてると、ヒールの低いラクな靴しか履けなくなります。その**ラクさを封じ込めて、ストイックに履くのがピンヒール。**ピンヒールは高くて不安定なほど美しいわ。履くために、たくさんの我慢が必要だもの」

運を決めるのは目。目で勝負は決まるのよ、格闘技とおんなじ。

「人生は山あり谷ありを乗り越えていくもの。でも乗り越えて順応していくうちに、知らないうちにそれが〝本当の自分〟になってるから怖いよね〜。**環境に左右されない、凛とした自分を守るためのもの、それがヘアメイク。**人生の谷間の時期を乗り切るため、工夫ができる。ツイてないな〜ってときでも、それが目に現れたら負けよ。アイメイクで逆転に持っていくこと」

4

Eye make

5 アイメイクの出発点は、すっぴんに影を見つけるところから。

「お風呂上がりに自分の顔と向き合ってみて。私の目って本来どこに影ができるんだろう、私の骨格で影になる部分ってどこ？　この『影の場所』をつかんで、影を濃く足していくことがそもそものアイメイクです。これができるようになると、自分に最も似合うアイメイクができるようになるわ。メイク全般にも言えることだけど、すっぴんの骨格と向き合うことがすべての原点です」

6 上達にはモノマネ。

「モノマネを始めるとアイメイクは上達します。歌とおんなじね。『こういう目になりたい』って好きな有名人の目の写真を切り抜いて壁に貼っておいて、そして毎日それを見ながらメイクする。そのうち自己流に変えてもいいですよ。でも最初はモノマネから入ること。ゴールへのシミュレーションができるようになるから、アイメイクが飛躍的にうまくなります。しかも本当に憧れの目に似てくるの！　夫婦だって、犬と飼い主だって、だんだん似てくるものでしょう。同じものを見続けてると顔って変わる。顔って、思ってるよりずっと、どうとでも変わっていくものなのよ」

アイメイクの下手さは精神的な不安定さ。

「目を見れば相手の不安定さはすぐにわかるわ。目の色や動きもそうだけど、目には心の状態が出やすいもの。生命力が測れる。だから逆に弱っていてもアイメイク次第で〝生命力は宿せる〟ということ。生命力のあるところに、人もお金も幸せも集まります。運のいい女、勝負強い女は、大切なシーンで目をどう描けばいいかわかってるの」

7

8 アイメイクは魂の表現。

「忙しいときなんかに、ふと『アイメイクをしたくない』って思うのは、もう絶対魂が弱ってる証拠！ 目の印象＝自分の印象だから『アイメイクをしたくない』なんて言語道断よ〜。本来は自分が弱ってるときこそ、カモフラージュするためにもアイメイクは強めが正解です。でも、まぁ魂が弱ってるのは仕方がないよね。魂も休ませなきゃいけないときがあるわ」

9 年齢を重ねたら、目に関してはぬるいこと言ってられないわ。

「30を過ぎるとどんどん目元ってたるむ、かぶさってくる、印象がぼやける。エイジングが正直に現れるから、アイメイクだけは若い頃のままでいいはずがないの。自然に見せるなんて、とんでもないわ。若い頃と同じメイクはナンセンス！ 切り札は、目頭と目尻のアイラインね。ふだん通りにアイラインを引いた後、目頭の外側と目尻の内側に切り込みを入れるよう描き足してみて。これで加齢による目元の悩みがすぐ解決します。目頭アウト、目尻インよ」

10 色を追求すると魅力が生まれる。

「アイシャドウの色のバリエーションって、ないよりはあった方がいい。アイシャドウの色を変えないなんて、アイメイクの表現の持ちぐされ。似たようなブラウン系でもシーンによって変えることで人に与える印象は変わるし、何より極めていくことで、同じブラウンでも他人にマネできない深みが出せるようになります。これが魅力という名のアイメイクの魔術」

勝負のとき目元を強めるならカーキ

アイホール全体と、下まぶたの目尻側キワにも効かせて。「印象的なカーキを差すと、目元に相手を制す強さが宿ります」。プレスド アイシャドー（レフィル）ME472 ￥1,800、カスタム ケースＩ ￥300／ともにシュウ ウエムラ

仕事のシーンでは目元の陰影が大事

パレットの４色すべてを使用。左３色の淡いグラデーションに、右のこげ茶色で影を強く効かせて。「奥行きを出すことで真摯なまなざしに」。ベルベットクリスタル アイズ 01 ￥5,000／ジルスチュアート ビューティ

恋に効果的なのはやさしいブラウン

モーヴトーンのブラウンパレット。４色のグラデーションで女性的なやさしいまなざしが完成。「目尻側に強めに色を重ねてタレ目風に」。レディ トウ ウエア アイパレット（シュガーラスク）￥6,200／ADDICTION BEAUTY

11

アイラインは魔除け。

左ページのメイクに使ったのはこの2本。発色がよく、粘膜に引いてもにじみにくく使いやすい。右・EYES CREAM ジェルアイライナー ブラックコーヒー（黒）、左・同 チョコレート（茶） 各¥1,200／ともにスカイ・ラボラトリーズ

「もともとそういう意味を持つものよ。だから強く引くほど威圧感が出て当たり前。アイラインを引けば引くほど男は逃げる。魔除けだもの。だから恋愛ではアイラインを薄く、ビジネスのシーンでは強く。実はメイクの中で一番、シーンによって切り替えが必要な部分です」

仕事の日には上ラインを黒、下ラインを茶

「ビジネスシーンではこのくらいの強さが必要です。上は『まつ毛の上』『まつ毛とまつ毛のすきま』『まつ毛の下（粘膜の部分)』すべてに黒色を使用。下は、下まつ毛のすきまを埋めるように茶色を使って」

プライベートでは、上だけ黒で下を抜いて

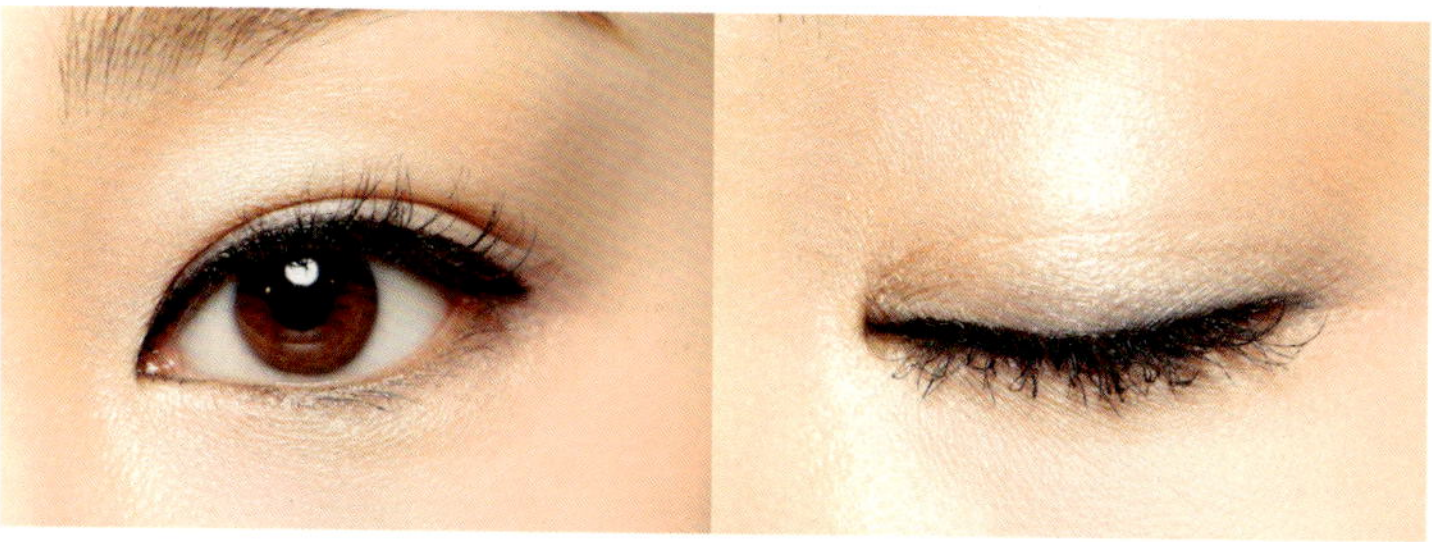

「仕事のときと同じアイラインだと、それだけで『プライベートでも戦闘態勢な人』に見えてしまう。上ラインは仕事の日と同じように引いて、下だけ手を加えないこと。これで目ヂカラは保ちつつ休日感が出せます」

恋愛モードのときは上ラインの茶色のみに

「上のアイラインの入れ方は仕事の日と同じ。ただし色を黒から茶色に変えることで印象がやわらかくなります。下ラインはナシ。これで目元がさみしいなら、まつ毛に黒のマスカラをたっぷり塗って、影を落として」

魂が弱ってるときは上下に黒で強さを強調

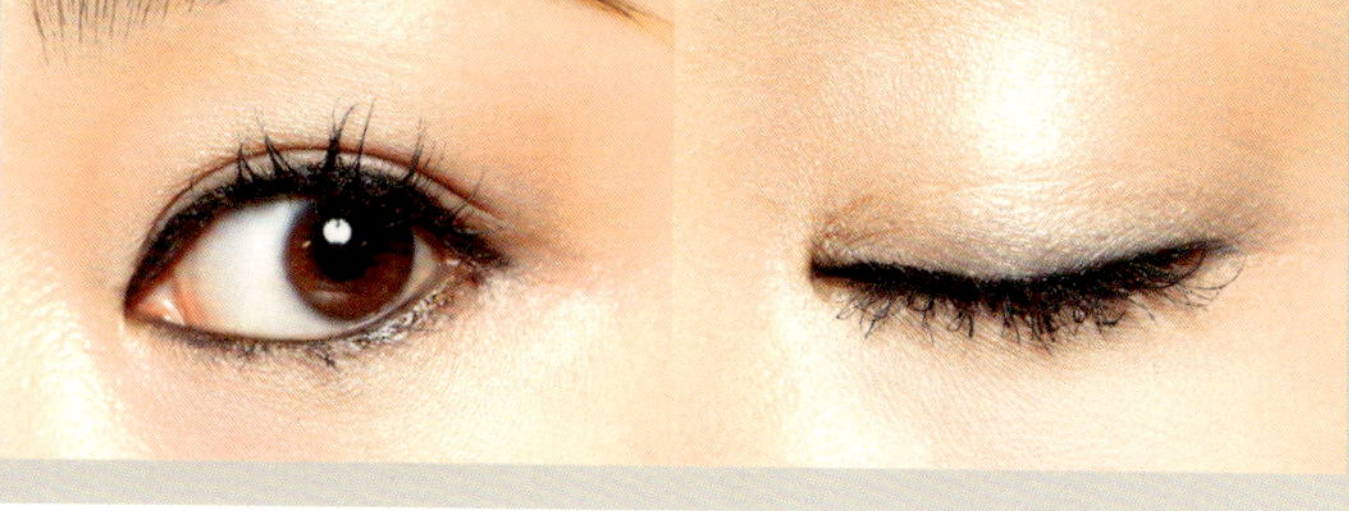

「目ヂカラが弱ると負のスパイラルに！だから魂が弱っているときにこそ、アイラインが役立ちます。上下を黒で引いたら、さらに上下とも目頭側1/3に重ね塗りすると『弱った魂』のカモフラージュに効果的」

12

まつ毛は女優。

「まつ毛の上げ方や盛り方で印象ってずいぶん変わる。**まつ毛にはメイクの主演をさせなくちゃいけないし、まつ毛に間違った演技をさせてはダメ。**たとえば仕事のシーンでは浮かれて見えないようカールを控えること、失恋直後はみじめに見えないようパッチリ上げること。理想のシルエットはピンヒールよ。30も過ぎた女がまつ毛で失敗すると凶器になります」

13 悲しいときはまつ毛の真ん中を上げること。

「悲しいことがあったとき『私かわいそうでしょオーラ』は絶対に出しちゃダメね。それじゃ人が寄ってこない。**悲しいことがあっても、決してそんなそぶりを見せない。ムダなことは言わない。そういう女が後で尊敬されます。**でも、悲しいときって表情に出ちゃうよね。伏し目がちになるじゃない？　だからまつ毛の真ん中を上げて。それから、**まつ毛が上がらないのを自分のせいにすることはない**ですよ～。私、下手だからなんて思わなくていいの。まずはまつ毛が乾いてるかをチェック。スキンケアの直後だったりして湿ってると、まつ毛って上がらないの。それにビューラーが目の形に合ってるかも大事。この2つのポイントをおさえておけば、誰のまつ毛だって上がります」

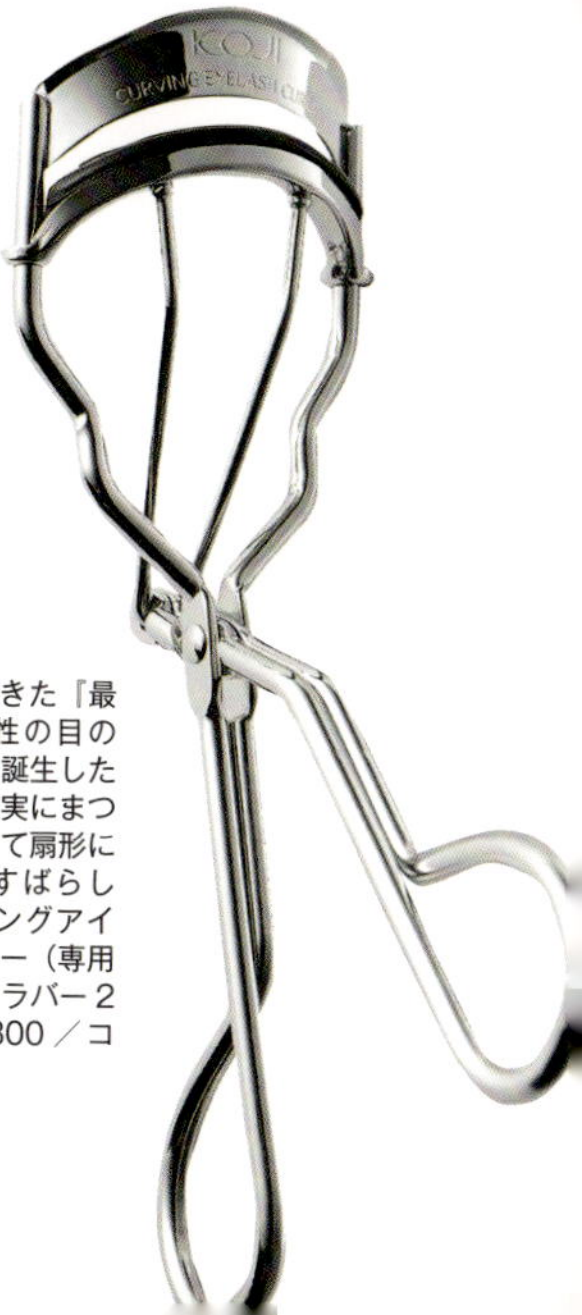

「昔とは違ってきた『最近の日本人女性の目の形』を研究して誕生したビューラー。確実にまつ毛をキャッチして扇形に広げる設計がすばらしい！」。カービングアイラッシュカーラー（専用ケース、スペアラバー2個つき）￥1,800／コージー本舗

14
茶色のマスカラを使うのは、仕事に無我夢中のときと失恋したとき。

美しいセパレート感を叶えるウォータープルーフタイプのマスカラ。茶色の発色がなめらかでやさしい。セパレートカール マスカラ N 02（Dark Brown）￥3,500／RMK Division

「茶色のマスカラを使うと、目元の印象が一気にやわらかくなる。女性に隙をつくってくれるの。やさしさをくれるよね。だから、仕事に夢中で自分がおそろしい女になっていそうなときは、ヒステリックさをごまかすために茶色のマスカラを使うこと。そして失恋した直後も、茶色のマスカラのやさしさを借りましょう」

15

マスカラ選びはラーメンと一緒。

「液（スープ）とブラシ（麺）の相性が重要〜！**相性が悪いと、おいしくない**の。つまり理想的なまつ毛がカンタンに仕上がらないってこと。**液とブラシの相性がいいマスカラは、1発塗りで美しく仕上がります。**重ね塗りしてもダマになりにくい。眉マスカラだってそうよ。液とブラシの相性がよくないものは、薄さがぜんぜんなくて、ボテッとついちゃうの」

「ヘレナ ルビンスタインのマスカラは、理想とするまつ毛の形に合わせたブラシと液体の関係が徹底的に研究されてる！　独特な形状のブラシにすべて意味があるの。マスカラが苦手と思っている人にこそオススメ」

Eye brow

16 眉毛は品格。

「眉が上手に描けないいって悩みが多いじゃない？ 結論から言うと、眉毛は品格。だから品格とやさしさが定まったときが、眉がうまく描けてるときってこと。眉の形を変えて、まわりから『いい感じになったよね』って言われたら成功の証。そこで判断するとわかりやすいわよ～。そのくらい眉毛で人の印象って変わるものです。眉って難しいの。プロのヘアメイクアップアーティストでも、眉が下手な子は他のメイクもだいたい下手だもの！」

17 眉は3分割すると上手に描けるわよ。

「眉頭から眉尻までを3等分。まずは中央のパートから描き始める。ここが一番濃くていいの。それから眉頭側のパート。ここは鼻にかけての骨に沿ってグラデーションに。最後に眉尻側のパート。ここは線に変わっていく部分ね。この3ステップが基本です。眉頭から流れるノーズシャドウは、目頭より下には入れちゃダメよ。若いうちはいいんだけど、30過ぎて顔色がくすみ始めた瞬間、ここに入れちゃダメになる！ くすみやすい部分の近くにまでノーズシャドウを伸ばすと、絶対に顔全体のくすみ印象が増します」

18 悩んだら眉毛の専門店でカットしてもらえば？

「眉毛がうまく描けない場合、最初は眉毛の専門店に行って、自分に似合う眉にカットしてもらうといいわよ。眉の形をヘアカットと同じようにプロに決めてもらうのよ。そうすると、後は必要なところを足せばいいだけだから、意外とラクに理想の眉毛が描けるようになります」

19 困り眉がモテるなんて大きな勘違い。

「困り眉に運気はついてこないわよ！だいたいね、困った顔をして助けてもらえるのはよっぽど可愛い女だけ。崖から落ちかけてる女を、自分も道連れになるかもしれないのに助けるなんて、その女がよ〜っぽど可愛いのよ。男たちってそういう生き物。だから困り眉は特別な美人にだけ通用するものと思いなさい、悔しい〜！　悔しいと思わなきゃ！（笑）」

20 眉の正解は顔の形が決める。

「生えている毛だけを見て形を整えると失敗します。流行の形ならいいってものでもない。自分の骨格と向き合うこと。**骨格で決めた眉の形が『自分にとっての美人眉』**。そこに太さや長さ……今の時代なら太め・短めといったトレンドを、ほんの少しだけ加えるのが『あなたにとっての正解』です」

おでこが広い？　眉下が広い？ 広いほうの間隔を狭めるように描くこと

太さ

「まずは眉の配置をすっぴんの状態で確認すること。おでこが広い人は眉の上側を描き足して、おでこを狭く見せる。眉と目の間が広い人は、眉の下側を描き足して、眉と目を近づけましょう」

自分の骨格を手のひらで確認！ 正面と側面の境目に眉山をつくること

眉山

「どこからどこまでが顔の正面なのか触って確かめて。手で頬を包みこみ、薬指で触れる『平らな骨より外側』が顔の側面です。この境目に眉山がくると骨格＝顔立ちが整って、一番美人に見える」

丸顔の人

眉尻を
カッチリと
落とすように
描くこと

「自分の骨格の眉山より、少し手前を山にして眉尻を長めに描いて。こうすると顔の側面が強調されて、顔に立体感が生まれます」

三角顔の人

急な角度を
つけないで
アーチに
描くこと

「あごが鋭角な人は、眉にも角があると顔つきが怖くなるわ。流行のストレート眉でもキツくなる。丸みを意識的につくりましょう」

面長顔の人

ほとんど
落とさず
ストレートに
描くこと

「眉尻は下げないで直線に描くこと。眉尻を下げる＝側面を強調するってことは、顔の正面がも～っと縦長に見えるってことよ！」

21 チークは華よ、華のマジック。

「女性の〝華〟にもいろいろあるよね。可愛く見せたい華やかさ、知的に見せたい華やかさ……でも、どんな華でもその形容を決定づけるのがチークというもの。私だったら純粋そうに見せるときはピーチカラー、大人っぽさを出すならピンクオークル、シャープに見せたいときはブラウン系を選びます。チークは色選びだけじゃなくて入れ方も重要よ。両方を駆使するのが正しいチーク。可愛らしくしたいときは丸くグラデーション、知的にしたいときは頬骨に沿って。色と形、両方で表現することで多彩な華を演出できます。女性の華やかさってチーク次第で変幻自在なのよ」

22 100人の中から一瞬で選ばれるのは、チークの女。

「チークを極めると、顔ってふわっと浮き上がって見えるもの。100人ズラ〜ッと並んでオーディションなんてとき、正直言って審査員はアイメイクやら細かい部分にまでは目がいかない！　そんなとき、チークが上手だと集団から突出して見えるの。たとえば、セルロイドの人形を渡されて『メイクで生きているように見せろ』ってお題を出されたら、私は真っ先にチークを入れますね。なんでもチークを入れればいいわけじゃないわよ。『極めたチーク』だけが特別です」

Cheek

23 ハイライトは存在感。

「チークと同様に存在感を浮き上がらせてくれるもの、それがハイライト。すごい美人ってだいたい何もしなくても存在感がある（笑）。でも美人じゃなくても、努力で存在感を放つ美学もあるわ。そこを後押ししてくれるのがハイライトです。ハイライトを入れた瞬間、顔って前面に出てくるから、立体感が生まれて存在感を放つ。ハイライトは重要ですね～。入れなくてもいいやとか、入れすぎが怖いっていう子もいるみたいだけど、ハイライトは存在感のスパイスよ」

24 チークの形でハートを見せるの。

「彼氏と会うときは可愛くいたいな、大事な仕事のシーンではできる女に見せたいな、とか用事に合わせた気分ってあるじゃない？ その気分はチークの形で表現できます。だからチークの入れ方のバリエーションはいろいろ持っておくといいわよ。チークを入れたときの気分は、必ずまわりに伝わります」

25

自信のある女はノーチーク。

「ノーチークと言っても、本当にまったく使わないと福が逃げるわ。寝不足や疲れで少しでもこけた頬はヒステリックに見えるから。『チークをしてなくてもバラ色の頬＝幸せなんだ』と他人に思われる程度の色づかなさが最高の演出。時代はニュアンスカラーだけど、いまだにチークが過剰な女っているじゃない。あれは自信のなさの裏返しだし、嘘の表現になるよね。つまり化粧感が出すぎるあまり『私は本当は不幸です』『私は本当は肌がキレイではないです』って宣言しているようなもの。チークは強調しすぎると、顔全体がニセモノの印象になります」

自信のない女

自分にない幸福感を、チークで無理してのっけてる感じに。少し前に流行ったせいで古くさい印象も。

自信のある女

⬆何もしてなさそうなのに幸福感がある＝本当に幸せな人。自信のある女はチークに過剰に頼りません。➡頬の一番盛り上がる部分の少し上が始点。真横・ななめ上・ななめ下と放射状にブラシをはらって。はらった先はフェイスラインでつなげます。

「自信のある女」のチークに使用したのは、超ニュアンス発色のピーチカラー。ブラッシュ 4033 ￥3,000／NARS JAPAN

不平不満が多いと顔ってたるむのよ。

「表情は心の鏡。もまれてる最中にイヤダイヤダと思い続けていたら、顔はたるむし首も短くなる。解決策は私の場合は運動で、歩くことでイヤダという気持ちをそらせていました。苦境でも人をうらまず妬まず、自分で道を切り拓いていけたら強さとやさしさが手に入る。もまれたことのない女には一生理解できない深みね」

Lip 26

27

画用紙の色をくつがえせるのが、似合う口紅。

「画用紙って肌全体の色のこと。メイクにおけるキャンバスね。その全体の色調を左右するのが口紅の色よ。だから塗った瞬間に『顔全体が明るく見える』とか肌全体の色調が見違える1本こそ、あなたに似合う口紅の色です。一番ごまかしがきくのは赤系の色ね。だいたい塗った瞬間にキョーレツに肌全体のアラが目立たなくなるの！　逆に注意が必要なのは桜色。桜色は、唇にも肌にも、よほど手入れが行き届いた人じゃないと難しいのよ。だってごまかしがきかないもの〜」

28

男の前で真っ赤な口紅は、露骨すぎるからモテないの。

「唇はエロティシズム。私が若い頃なんて、唇の厚い女は下品だなんて言われてたの。直球で性的な連想をさせるから。だから私も自前の唇の厚いのが、昔はイヤでイヤで仕方なかった。でも、いい時代になったんじゃない？　今は厚みのある唇のほうが魅力的だもの。でも唇が『究極のわかりやすいエロティシズム』であるという点は、昔も今も変わりません。それゆえ赤い口紅って男ウケが悪いの！　堂々と誘ってくる女には男性は腰が引ける。それと一緒です」

口角は知性。

「トロい女の口角は下がらない。何も考えてないから口角がゆるむの。でも口角がクイッと上がりっぱなしの女は、つくってる感じが嘘くさい。本心が見えないから私は信用しません。日々、頭を抱えて戦っていれば口角は下がって当たり前。下がった口角をメイクで平行に締めたくらいが、人生を真剣に生きている賢い女の唇」

1

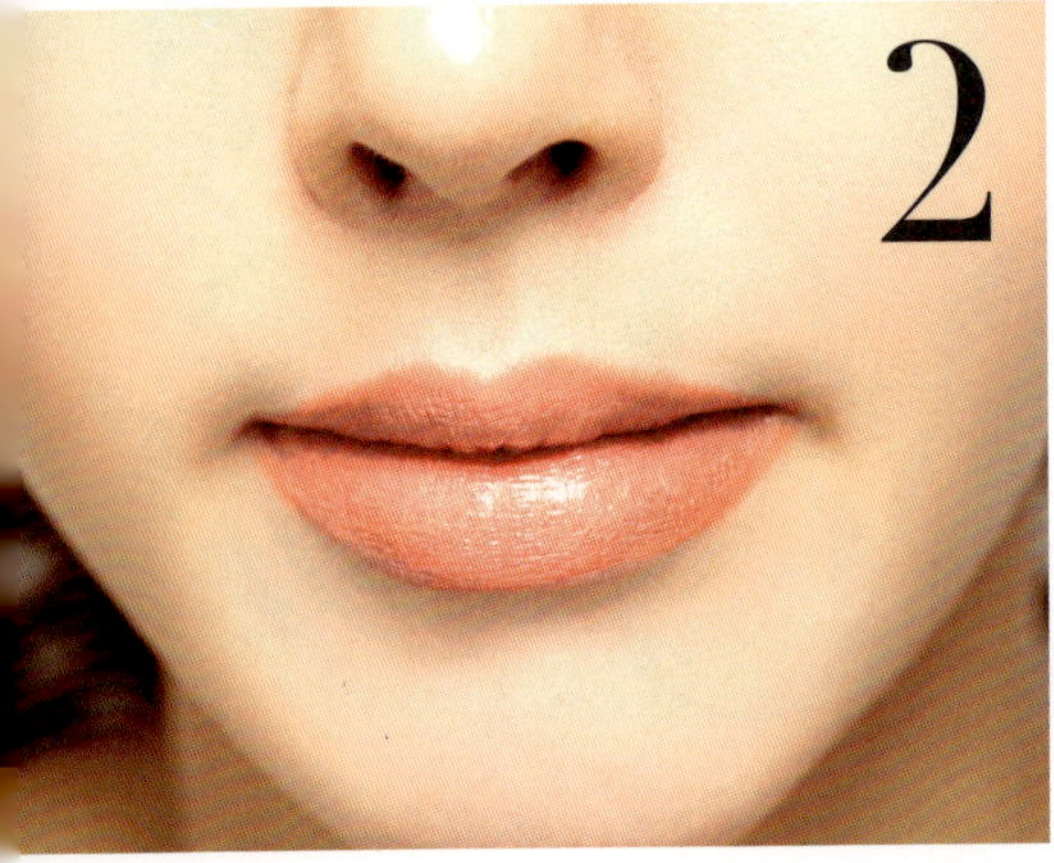
2

29

口角の締めテク
ライナーで締める

①ベージュ系の少し濃いめのリップペンシルで、口角だけ「くの字」にリップラインを描く。
②口紅をブラシで、輪郭をとりながら全体に塗る。そのとき「くの字」のリップラインを広げすぎないようにぼかして。口角にだけ影ができて、締まって見えます。

上・ルージュ ピュールクチュール No.23 ¥3,800 ／イヴ・サンローラン・ボーテ
下・リップペンシル 01 ¥380 ／セザンヌ

30

口紅は「心と真逆」を選ぶこと。

「唇の色って女性のアイデンティティ。そして人に与える印象の力も強いものです。だから心が弱ってるときなら赤を選ぶのも手だし、心が攻撃的になってるときはヌーディな色の方がバランスがとれる。カンタンに言うと、心と真逆の色を選ぶことが女性を美しく見せるということ」

口角の上げテク

ハイライトで上げる

①口紅を塗る前に、口角の下側にのみハイライト。上向きに指でなじませて。
②口紅を塗った後、もう一度口角の下側にハイライトを重ねづけ。上唇の山の部分にも「M字」にのせて。光による目の錯覚効果で、口角の下がりっぷりがカモフラージュできます。

ラディアント タッチ No.2 ￥5,000／イヴ・サンローラン・ボーテ

31

メイクする気がおきないときは、肌を磨くこと。

「あんた、メイクする気がおきないなんて、よっぽど女度が減ってんのよ、ダメダメ～（笑）。でも仕事が忙しすぎるとかメンタルが弱ってるとき、女性はメイクしなくなるよね。メイクしても、メイクをしてる自分に疲れる……そういうときがあるのはすごくよくわかります。だからその期間は『肌を磨くとき』と考えて。『メイクする気がおきない』ことが悪いわけじゃなくて、自分磨きを忘れることがよくないの。肌だけは磨いておいてね。肌がキレイになると、不思議と今度はメイクがしたくなるものです。わかりやすく言うとダイエットと同じよ。太るとオシャレしたくなくなるじゃない。女性ってメイクをしなくなった瞬間に髪もバサバサ、鏡さえ見なくなるもの。そうなる前に、悪いスパイラルにはまる前に手をうつことが重要です。特効薬は、実は恋愛」

Base Make

32 肌が均等な人なんていないわよ〜。

「ベースメイクとは、素肌をより極上に見せるためのもの。自分の実力よりも引き上げて見せるためのものです。だいたい、どんなに美肌の持ち主でも肌が均等ってことはないのよ。年を重ねるほどにムラがあって当然。だからベースメイクで目指すべきゴールは『肌を均等にならすこと』。メイクが見映えするための極上の画用紙を用意する作業です。この『均等』が大前提で、そこに素肌感とか透明感とか付加価値の要素が必要になってくる」

33 肌が透けてるか、分厚いかでベースメイクは変わるもの。

「そもそも肌が透けてる人、つまりケアが行き届いていて透明感があるなら、ベースメイクは『均等』にするだけでも十分。でも分厚い人は薄く見せるテクニックが必要になってきます。肌の分厚い人は塗れば塗るほど毛穴が目立つし、美しくないもの。そういうときに効果を発揮するのがコントロールカラーとハイライト！　コントロールカラーはブルー系かペパーミントグリーンを下地に使って。それからハイライトで目くらまし〜。このときハイライトはオーロラ系がいいわよ。Tゾーンや頬骨の上……顔の高さがあるべき場所に自然に入れて、視線をそちらに向けるの」

34 鏡から50cm離れなさい。

「肌を美しく見せるベースメイクって、結局は目の錯覚なんだよね（笑）。メイクって鏡に近づいてやればやるほど濃くなっていくから、遠目で仕上げるのが美人になるコツ。鏡に近づけば近づくほどブスになっちゃうの、ホントよ〜！　特にベースに関しては、鏡から絶対に50cmは離れてメイクすること。拡大鏡で仕上げていいのはアイライナーくらいです。プロのメイク台って、だいたいモデルの椅子と鏡が約50cm離れてる。あの距離には意味があります」

35 一発で消えないコンシーラーなんて間違ってる。

「コンシーラーこそ、優秀なものを選ぶと仕上がりに格段の差がつきます。何をもって優秀と呼ぶかというと、結局はカバー力。でも昔と今とでは違ってて、昔はピタッとはりつく感じがよかったけど、今は美容液のような使用感でカバー力のあるものが最高峰。それからコンシーラーって重ね塗りするほど重くなって当然よ。一発で消えるものじゃなきゃ意味がないわ」

ファンデーション選びって、今やパックを選んでるみたいなものね。

「塗ってもまったく重さを感じさせない。使い方も難しくなくって、新しい肌を１枚まとったかのような軽い仕上がりに。コンシーラー代わりにも使えて優秀です」。スキンファンデーション スティック　＜全13色＞￥5,600／ボビイ ブラウン

「ファンデーションをつけてる時間って、夜のスキンケア時間より長かったりするじゃない。日々の生活習慣だから、ここで選び方を間違えると命取りよ。ファンデーションは、つければつけるほど肌がキレイになっていくものを選ぶこと。スキンケアに近い選び方ということです。まぁ、このはしりがＢＢクリームだったよね～。カバー力や肌に透明感を

36

与えてくれることは重要だけど、何よりファンデーション選びは、基本中の基本としてパックをしている感覚になれるかどうかです。最近の私のオススメはこの3つ」

「まるでスキンケアみたいなファンデーション！　素肌感のある適度なツヤが美しいわ。光を集めて放つ効果で、これを使うと肌がやさしく見えるの。保湿力が長く続くのも最高よ」。タンミラク リキッド 30ml SPF15 ＜全7色＞¥5,800 ／ランコム

「しっかりトラブルをカバーして肌の完成度を上げたいときはこれね。同じ色のコンシーラーがセットになってるから上手に隠せる」。タン ヴィジョネア（Ⅰ・リキッド ファンデーション 30ml、Ⅱ・コンシーラー 4g）SPF20 ＜全7色＞¥7,500 ／ランコム

「体内の環境を整えるのと同じ。乳酸菌由来の保湿成分が肌の環境を整えてくれるの。グイッと入ってく～！　私は洗顔直後に使っています。畑を耕すのと一緒よ」。ラクトデュウ S.E.ローション 150ml ￥4,000／ヤクルト・ビューティエンス

37 美肌づくりは、畑づくり。

「カピカピに乾いた畑の土って、ジャーッと水をかけてもはじいてしまう。だからゆっくり水をまく。それから耕して、またお水。そして肥料を与える。肌も同じで、この浸透の段階を踏むのがすっごく重要！　**硬くなってる畑＝肌には何も育たないじゃない？**　カピカピに乾いた肌には最初はブースティング。つまり浸透のいいローションを最初に使って、その後に他のローションを重ねること。硬くなった肌は老化も早いわよ。**ダブルローションづかい、オススメ～♪**」

38 今日の乾きは、明日の老化。

「つまり日々の肌支度が重要ということ。身支度と同じように、**老けないためには肌支度！**　私はいつも洗顔後3秒以内に保湿

「ドゥ・ラ・メールには好きな化粧品がたくさんあるけど、ひとつ挙げるならコレ。肌にハリと弾力を与えるトータルエイジングケア美容液」。ザ・RG セラム 30ml ￥35,000／ドゥ・ラ・メール

Skin Care

「もう美白に関しては断然SK-Ⅱ！　私は今までいろいろ試してきたけど、このオーラ美白が一番だよね～」。SK-Ⅱ セルミネーション オーラ エッセンス ＜医薬部外品＞ 30ml ￥15,500（編集部調べ）／マックス ファクター

するの。若いうちはまだわからないかもしれないけど、とにかく保湿はスピードが大事。そこから老化って始まっていくのよ。しかも水分量の足りない肌って年齢以上に老けて見えるもの。水分って出ていく一方だから、ちゃんと守ってあげなくちゃ。表面的な保湿だけじゃなくて、中のケアも大切。私は肌の内側がダメージを受けたかもと思ったら『ドゥ・ラ・メール』の美容液を頼ります。あと、私がよくやる極上ケアは、アイクリームの全顔塗り～♪　いつもの手入れの最後にアーモンド粒大のアイクリームを顔全体に塗っちゃうの。これ、本当に肌がプルプルになるわよ。３日続けると肌の感触がまったく変わります」

39 美白って、肌にお金をかけてる証。

「白肌か小麦肌か、って女性の表現方法の違い。だから白い肌が普遍的にすばらしいとは言い切れません。美白がもてはやされるのは、今の時代の流れよね。ひと昔前はお金のある女は肌を小麦色に保ってセレブな雰囲気を出すことに執心していたわ。これが当時の『裕福な証』。でも今は肌にお金をかけている感じ……つまり『裕福な証』は肌の白さで証明される。世の中の流れがこうなっている以上、今の時代においては美白は女性にとって必須科目ね」

「私にとって特別なひとつを聞かれたら、もうこれだけは欠かせません。高級だけど、疲れてどうしようもなくなった肌が、これを使うと本当にプルプルになるの～！」。スプレミヤ 49g ￥75,000／シスレージャパン

40

多忙なときこそスペシャリティー。

「忙しいときって美容にかけられる時間は減るよね。しかも顔に疲れが出る。そういうときこそ悪循環で肌の劣化は進みます。劣化を避けるには、**美容の時間をお金で買うと思って高級美容液を手に入れること。**あのね、前に私が香水をプロデュースしたときのコンセプトが**『忘れられない、離れられない』**だったの。これは男性にそれほどの印象を残す香りという意味です。ラグジュアリーな化粧品にはそれと同じ、超越した魅力があるのよ。お手頃で優秀な化粧品だって世の中にはたくさんあるけど、**高級な化粧品には、お手頃な化粧品には敵わない別世界感があります。**一度それを知ると、女性って『忘れられない、離れられない』状態になるわ。ただ美しくなるためだけじゃない、陶酔することを教えてくれるから。つまり忙しいときに、心にゆとりも与えてくれる」

41

【吉田直美のシフォンケーキ】材料（19㎝シフォン型）／薄力粉70ｇ、グラニュー糖120ｇ、卵黄90ｇ、卵白200ｇ、オレンジ（みかん）果汁60cc、オレンジキュラソー10cc、サラダ油45ｇ、エバミルク50ｇ　**1** 薄力粉はふるいにかけておく。オーブンは余熱を始める。**2** ボウルに卵黄を入れ、ハンドミキサーで白っぽくなるまで撹拌する。**3** 別のボウルに卵白を入れ、グラニュー糖を2 ～ 3回に分けて入れながら、角が立つまで泡立てる。**4** **2**にサラダ油、エバミルクを、ハンドミキサーをかけながら入れる。よく混ざったらオレンジ果汁、オレンジキュラソーを入れる。**5** **4**に**1**の薄力粉を入れ、ハンドミキサーの低速で粉っぽさとムラがなくなるまで撹拌。**6** そこに**3**を1/3加えてよく混ぜる。そのあと残り2/3を加えたら、泡を壊さないように均等にまぜる。**7** 型に流し170 ～ 180度のオーブンで40 ～ 50分程焼く。焼き加減は機種によって調整。

昨日食べたシフォンケーキの弾力が、理想だわ。

「同級生の旧姓・吉田直美がつくってくれたオリジナルのシフォンケーキ。おすとムニムニって揺れるの。生涯食べた中で一番おいしかった〜。この弾力に出合ったとき、これが肌の理想形と思ったわ（笑）。それから、素人でも追求を重ねればプロを越える瞬間があるんだって気づかされました。肌もこうでありたいよね。美容だって何だって、もっともっと追求しようって気持ちが深まれば、越えられなさそうな何かを越える瞬間があるのよ！」

42 スキンケアもインナーケアも、まずは流すこと。

「流さないと何でもたまっちゃうものよ。部屋の空気だって、川の水だって、流れていないと必ずよどむ。それと同じで美容においても流すこと！　スキンケアだけじゃなくて、特に大切なのは体の中の巡りをよくすることね。私は重炭酸塩の含まれたお水を飲むようにしています。重炭酸塩の入った水って、温泉水みたいなもの。私は腸の調子がよくなったり、血流がよくなったり……飲み始めてからあらためて『流すこと』の大切さに気がつかされました」

「スクラブに関しては世界の名品をあれこれ試してきたけど、絶対にこれに敵うものはないわ。使った後の肌のなめらかさが他と全然違うの」。超微細なソルトスクラブで、ボディ以外に顔や頭皮にも使用可能。ハチミツやローヤルゼリーを贅沢に配合。女王乳塩aプラス 210g ￥2,486／下鳥養蜂園

43 古い角質はなるはやどり！

「肌の古い角質って肌の生まれ変わり、つまりターンオーバーで少しずつはがれていくもの。でもこの古い角質がたまると、肌ってだんだん硬くなるものです。だから落ちそうになってる角質は積極的にケアして、早め早めに栄養を与えていくことよ。なるはやどり〜！　自然の流れに任せてたら、落ちそうになってるものも落ちない。特に年をとるとターンオーバーが鈍くなるから、助けてあげる必要があるのよね。このとき強い化粧品を使うのは怖いから、私は絶対に刺激の少ないものを選びます」

「私はこのお水を１日２本飲んでる。少ししょっぱいんだけど食塩の成分とは違うから、安心〜。ヴィシーでサラサラ〜♪」。フランス最古のスパの天然微炭酸塩水。ヴィシーセレスタン 500ml ￥200（編集部調べ）／大塚食品

44 オーキデは逃がさないわ〜。

「私の場合、ゲランのオーキデは特別！　特にボディケアにおいてはなくてはならない。他を使えなくなる。それほどの化粧品よ。オーキデさえ使えば私の水分は抜けていかないの。高級だからカンタンに買えるものではないけど、つまり人にはそれぞれそういう化粧品があるということ。これさえあれば私は大丈夫、そう思える化粧品に出合うこと」

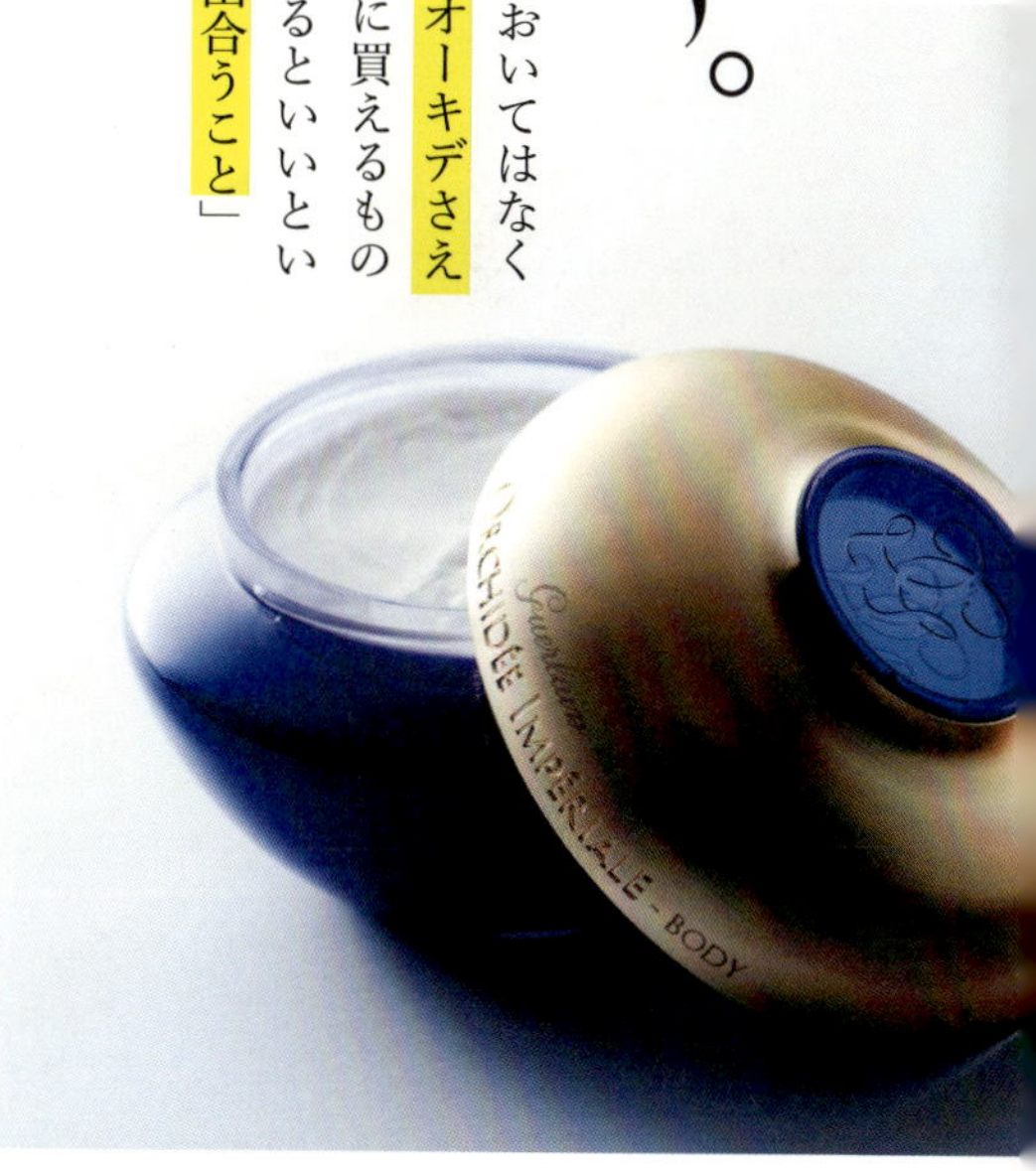

「極上の名にふさわしい逸品！」。ゲランの最高峰スキンケアライン「オーキデアンペリアル」より2014年5月に登場した、多機能アンチエイジングケアアイテム。オーキデ アンペリアル ザ ボディクリーム 200ml ￥52,000／ゲラン

「ハンドクリームのなかではもう絶対これが一番いいと思う。３日使うと全然違うわ。手がやわらかくなるの。年齢が現れた手だって諦めないで〜」。ハンドクリーム ローズ 40ml ￥3,500／ジュリーク・ジャパン

45 家事するも、2枚手袋。

「いつも家事してるから手が荒れちゃって〜なんてとんでもないわよ（笑）。私も家事はしてるけど、手袋してるもの。こういうことを、やるかやらないかが美容の分かれ道よ。手袋は『２枚』が大事。ゴム手袋１枚じゃ手がすべって家事にならないの。ハンドクリームを塗って、コットンかシルクの薄い手袋をして、最後にゴム手袋。体温でハンドクリームの浸透がよくなるし、動いてると汗をかくから手のむくみもとれる。荒れた手を勲章だなんて思ってないで、やってみてね」

Hair

46 髪は成功の象徴。

「率直に言うと、自分は仕事相手には『こいつ金になるかな』という目で見られてると思った方がいい。それから、高級ホテルへカジュアルな装いで出向くと、扱いもカジュアルでしょう。世の中ってそういうものです。つまり他人には値踏みをされるもの。値踏みをするときって無意識に、人は顔の額縁である髪を見てるのよ。実際に、成功した女は髪にお金と手間をかけられるからね。安く見られたくなければ、自分が未熟でも髪はおろそかにしちゃいけません。ビジネスシーンで髪を盛ってない女は成功しないわよ。ハッタリでも盛ること」

盛り髪は26mmのコテで巻き、このスプレーを仕上げに全体に。GN ヘアスプレー<ハード>￥1,700／アリミノ

Process1

自信も気合いも何もない女は髪がしょぼい

⬅「ツヤがなくパサついた髪。女優さんのヘアをつくるときも、貧しい役柄の場合、このシケた感じをわざと出します」

Process2

やる気が出るとまずは手入れが行き届きます

➡「何もなかった女に少しの希望でも湧いてくると、最初に変わるのが髪全体のツヤ。このツヤは、手入れを始めた証拠ね～」

Process3

調子が上がるとちゃんとブローされたヘアに

⬅「少し余裕が出てくると、髪はブローされてハリが出てくる。ここまではフツーのランクです。この程度は当たり前よ」

Process4

ここから先の成功には盛りが入ってくる！

➡「巻きと逆毛が加わり、髪の量が豊かに～。このデコレーションが女の成功を象徴します。これだけ盛ればハッタリに使えるわ」

大切なのは、洗い方。

47

「自分の髪質が好きじゃないとき、洗い方でずいぶん変わるわよ〜！　特にねこっ毛の場合は頭皮の毛穴を根こそぎ洗うように洗うことです。**ふにゃふにゃした若い子でも土台がしっかりするとシャンとなるでしょ、そういう感じ（笑）。**剛毛の場合は、それに加えてカットも大事ね。カット次第で扱いやすさが全然変わるのが剛毛さん。あと、白髪は仕方ないところもあるけど、抜け毛は洗い方でずいぶん減ると思う。**とにかく大切なのは頭皮。地肌を毛穴までしっかり洗えているかどうか**です。ちなみに、シャンプー選びはスキンケアと一緒と考えるとわかりやすいわ。私、髪のブリーチ（脱色）をずっとやってる経験から言うと、洗ってキシキシするシャンプーは髪がもっと傷む〜って実感してるの。本当にいいシャンプーは、洗い上がりで髪がしっとりしてる！　汚れは落ちるのに、シャンプーだけでもしっとり。そういうものを使うと髪は傷みにくくなります」

左・「両面あるけど、私が好きなのはブラシの細かいほう。使ってるうちに髪の根元がシャンとするの！」。硬くなった頭皮を掴み、ほぐしながら洗うシリコンブラシ。ヘッドスパハンドプロ パーフェクトケア ￥1,500（2個セット）／満天社
中・右「サロン専売のトリートメント。これは本当にすごいわよ〜。私のオススメで使った周囲の人も全員絶賛するほど。毛穴を開いて閉じる、2ステップの化粧水で、肌に使ってもいいけど、特に頭皮はわかりやすいわ。『M-3.4』で頭皮の毛穴を開いて汚れを落とし、『P-4.2』で毛穴を閉じて完了。顔の毛穴が詰まってるときは、私は肌にも使います」。水、海洋深層水と植物ミネラル成分からできた化粧水。保存料や香料など不使用で安心です。M-3.4 200ml、P-4.2 200ml 各￥3,000（編集部調べ）／ともにアルマダスタイル

48 ヘアカラー選びは、まるでファンデーション選び。

「自分の肌色に合うか、今のメイクに似合うかがすごく重要です。だから流行ってるからって、なんでもかんでも暗い色にするのはおかしいわ。美容院のカラーチャートだけ見て決めるのもよくない。そめた『髪の色見本』をフェイスラインに沿ってあてて、顔に映えるかを見極めるのがベストです。美容院は、どこも長さのある『髪の色見本』を常備すればいいのに。教えてあげたいくらい〜！　それから黒髪って危険よ。よほど髪質がよくないと、逆に品が悪く見えるから」

49 手入れの行き届いていない髪は、毛玉のできたタイツ。

「ボサボサの髪で平気って、もう毛玉のできたタイツを平気ではく女の感性よ〜。お風呂に入ってないのかしら、とか部屋も汚いのかしらって想像をさせるよね。つまり決定的に清潔感を欠くということです。でも美しさへの投資の優先順位は、私は①爪②肌③服や装飾品④髪、だと思ってるの。髪は頻繁に美容院になんて行けないじゃない。月に1回行ったとしても、毎日自分でプロのようにブローするのは絶対困難。他に比べてお金をかけない分、日々のケアが一番モノを言います。まずは美容院で『自分の力量で手入れができる長さと形』に整えておいてもらうこと」

うわっつらのアンチエイジングなんか必要ないわ。

「アンチエイジングは、今、自分が置かれた状況を知ることから始まります。年齢という数字にとらわれていたら失敗するわ。環境によって美のそこない方って違う。だから自分の今のレベルを知ることよ。今の自分を受け止めて、改善したいのは何か知って、それから対策をたてること。これが正しいアンチエイジングです。うわっつらっていうのは、ただアンチエイジング美容液を使うだけとか安易なこと。世の中のあおりに惑わされているのがうわっつら。答えは外にはないわよ、自分自身にしかないの」

50

51

肌に自信がなくなったら、とにかくプロ。

「だいたい自信を失うときって、年代の変わり目か季節の境目。年をとったり季節が移ったりして肌が次のステージに入れ替わっていくとき、今までのスキンケアが通用しなくなって焦るのよ。そういうときはまずはとにかくプロに1回やってもらうことが重要です。自分だけでなんとかしようと思ってたら時間がかかるし回り道。皮膚科やエステに行って肌の状況をみてもらう、施術してもらう。そこで心と頭で納得して、スキンケアの方法を新たに採用していくこと。そうすると最短距離で自信を取り戻せるはずです」

52

美に執着しすぎた女は目が輝いてないの。

「美しさに執着してる女は強迫観念がにじみ出ていて幸せに見えない。そういうキレイさは違うって、もう世の中は気づき始めてるよね。ある程度の年齢で時間もお金もありあまるほどあって、エステに入りびたりの暮らしをしていたら美しさは保てて当然です。でもそういう女は目が輝いてない。それよりも仕事や家庭があって日々忙しくしてて、限られた時間で工夫しながら美しさをキープしてると、充実感があるから輝くよね。つまり『やることやっててキレイ』がナンバーワン」

53 たまには自分を許してもいいと思う。

「『許す』と『甘え』の線引きは重要です。たとえばウォーキング。本当にフラフラのときは自分を許して休んだ方がいいけど、『フラフラしてるように思いたい』ってときは甘えよね（笑）。甘えのスパイラルにはまると立て直すのが大変です。人ってどんどんラクな方に逃げがちだもの〜！　でも根が几帳面な人は、だらしない自分を許すことが出発点。私の場合、パニック障害になったとき『治すにはパニック障害にかかったのと同じか倍の時間がかかる』と言われて自分を許すことにしました。『美が衰えてもいいじゃない、治ったらまた時間をかけて取り戻していこう』と思ったの。いつもがんじがらめでストイックな人は、週に1度でも自分を許してあげて。大切なのは『許す』と『甘え』のバランス。バランスを崩すと失うものがあるわ」

54 年をとったら基準を下げて。

「年をとったら年相応の美しさというものを認めていかないと不幸になります。私は45歳くらいのときが一番理想の体型だったの。でも年を重ねて当時と同じ美しさを求めると限界があるし、その壁に苦しくなる。だから負け惜しみではなくて、年齢を認めること。年齢に応じて『キープすべき美の基準』は変わって当然です。もっともよくないのは自分の脳に『ダメ』を記憶させることね。つまり年をとった自分のネガティブな面、『太った』『老けた』ってことを意識すればするほど、本当に太るし老けていくのよ～！　人に言われたとしても『ダメ』は脳に記憶させないで、受け流して、努力の糧に変えること。だって、同じ量の食事をしていても『私は太らない』って思い込んでる人ほど太りにくいのよ。思い込みの力ってあなどれません」

55

崩れた黄金比を正すために、メイクとヒールとベルトがあるの。

「年をとると、見た目がどんどん崩れてくる。バランスが悪くなって、若い頃の黄金比には戻れなくなってくる。そこで、いきなりお腹を3㎝引っ込めろなんて言われても無理じゃない？　でもベルトがあれば『3㎝引っ込んで見える』。これが重要。崩れたバランスは、嘆くのではなく冷静に見つめること。日々の努力は必要だけど、乗り切る知恵も持つこと」

56

思い通りになってきた子と私じゃ、工夫の重みが違うわよ。

「いろんなコレクションに出させていただいて、若いモデルの子たちとランウェイを歩くと、思い通りになってきた子たちの残念さが目につくことがあります。若くてキレイでやせてると、仕草やポーズの細部に工夫がないの。そのまま美しいから悪いわけじゃないけど、それは『思い通りになる子の歩き方』ね。私、もう52歳でしょう。スタイルをよく見せるための歩き方に悩むし、服もそのまま着て美しいわけじゃないから工夫が必要。そして若いモデルの子にはない迫力や存在感も必要になってきます。私のステージは、考えて考えて考え抜いた、工夫のかたまり」

57

絶頂期に調子に乗らないこと。下り坂では周囲の声を聞かないこと。

「人生には必ず波があります。美しさにも波がある。キレイともてはやされた女だって、キレイを保つだけじゃ飽きられて終わり。美しさとは維持できないもので、上がるか下がるかしかないの。大切なのは下がったときに上がるエネルギーがあるかどうかよ。そのために、下り坂のときこそマイペースをつらぬくこと。周囲の声に翻弄されて下手に落ち込んだら、負のスパイラルにはまって、後はなし崩し。仕事やお金も同じです。成功ばかりは続かないし、落ち込んだら負け」

58 爪はその人のすべて。

「爪が汚いと下着も汚いんじゃない？って思っちゃう。要は、そこに匹敵する身だしなみのかなめであるということ。爪と下着と靴。特に指先は人からよく見られるし、自分でも目につく場所。それなのに放っておけるというのは、美への感性がその程度ということ」

59 色気は首に宿る。

60

本音は背中に現れる。年をとるほど現れる。

「演じることが一番難しく、本音を隠しきれないのが背中。昔の人は『合わせ鏡は魂を奪われる』と言ったけど、あれは後ろ姿を作りすぎると人の〝ホント〟が薄れていくという意味。でも若いうちは、背中からバレるものもたいしてないから大丈夫。怖いのは年を重ねてキャリアを積んで、いろんな責任を背負ってから。いくら作り込んでも、背中には生き様が全部にじみ出ます」

「女も男も首は色気。男の場合は顔の延長でまっすぐの首が美しい、女の場合は絶対に細く長く——くびれていて肩からの距離感があるのが美しい。この曲線が華奢さを感じさせるものだから」

61

1日3回は笑わなきゃ。

「本当は1日15回くらい笑った方がいいわね。忙しいときこそ目つきには心の恐ろしさが出る。余裕がなくなると人っておかしくなってぃくし、鬼気迫る目つきによって失ってるものって実は多いのよ。だから笑いは重要。笑うだけで前向きになれるし、目つきにやさしさが戻ります。代謝もよくなるわ。私が経営者として無我夢中だった30代の頃は、責任の重圧でなかなか笑えなかったけど……今はバラエティ番組でよく笑わせていただいています（笑）。15回なんて数えてられないから、せめて1日3回は笑いましょう。1日3食と一緒よ。朝昼晩、食事をするのと同じように、必ず笑いましょう」

62
今日の自分より明日の自分が、より本物ならいいんじゃない？

「私の人生って振り返ると、いつも本物を追いかけてる人生。私は男でありながら女の人生を歩んでるから、特にそうなのかもしれない。理想とする本物の自分があって、その自分に足りないものをずっと追いかけていってるということ。でも永遠に本物はないの。ゴールのない『本物』があるから、毎日がんばれるよね」

63

人から嫉妬を受けるのは、自分が未熟だってこと。

「嫉妬の始まりは心の目。自分が誰かに実像以上の妄想をするようになったら、もう嫉妬が始まってる。恋愛でも仕事でも、美容においてもそうよ。嫉妬が始まると人の心は醜くなるわね。顔も醜くなるわ。般若のように、いじわるになってくる。これを避けるためには、自分自身が嫉妬をしない心持ちになれるよう精進するしかない。逆に人から受ける嫉妬も、自分の精進が足りないからです。調子がいいときって言葉や態度に自信が出ちゃうの。謙虚さが出せなくなってるのよ、それで他人の鼻につく。相手の心の閉ざされていた『嫉妬の刃』を自分で自分に向けさせたということ」

64

老眼って、見なくていいものを見えなくしてくれてるよね〜。

「私、老眼が始まってるのに、拡大鏡なんてものがあるから増えたシワがいちいち見えちゃうのよ〜！　そのときわかったよね、老眼って見なくていいものを見えなくしてくれてるんだって。年をとって見た目が劣化するのに合わせて、目も悪くなる。そのバランスがちょうど幸せなのよ（笑）。耳もそう。年をとると『勝手耳』になるでしょう。でも聞かなくていいことを聞いて思い悩むところから不幸は生まれるから、『勝手耳』でちょうどいい。年をとったら『見ざる、聞かざる、言わざる』が幸せのヒントね」

65 盛りの美学、早いうちにUターンしなさい。

「ヘアメイクは過剰になればなるほど、目が慣れてしまう。そしてその過剰さは周囲に飽きられるのも早いものです。『あの子キレイで華やかだよね』が『でもそうでもないかな』にすぐ移り変わる。そうなる前に我に返ること。盛りが頂点に達する前に、切り返してUターン。頂点のちょっと手前をうろうろしてるくらいが一番飽きられないわよ。今、自分の盛りが頂点に達していると思うなら、さっさとUターンすること」

66

自分は劣化してるのにメイクだけ変わらないのは滑稽よ。

「『このメイクが私に一番似合う！』『私つかんだ！』ってところからメイクが変わらないのは、周囲から見たら最高に滑稽。誰もが加齢する現実をわかってないのよ。顔はたるむし目はかぶさるし、誰だって劣化するもの。なのにメイクが変わらなくていいわけがないじゃない！　いい時期につかんだメイクを続けてるっていうのは、自分と向き合えていないということです。『劣化性自分』に目をつぶってるのね（笑）。だから、巷に『怖い女』が現れる」

67 人生、丸暗記がダメ。

「メイクのテクニックにしても、仕事でも勉強でも、丸暗記は応用がききません。理由や正しい目的を理解してないと、いくらやっても結果が出ないの。アイラインを入れます、マスカラを塗ります……そのままのテクニックを丸暗記しただけじゃ、欲しいメイクの効果は得られないわ。大切なのはアイラインを入れてどうなりたいか、マスカラを塗ってどうしたいか……目的をはっきりさせること！そしてその目的に合わせた臨機応変な手段をとることです」

1回捨てること。

68

「昔、女優さんたちのヘアメイクをしていた頃、はじめての指名を受けるとき『あまりにもご自分が強い女優さんはできません。1回は私のやる通りに任せてください』って言ってたの。つまり自分が強すぎる人って、それまでの自分を崩せないから前に行けないんだよね。まわりから見たら変なヘアメイクに固執していたりします。1回捨てるものは捨てないと、次の美しさは始まらないものよ。たとえばメイクの古い習慣やつけまつ毛だって、やめたいかもと思ってる段階じゃ決してやめられない。それじゃ、どっちつかずなの。捨てられた瞬間に吹っ切れて、怖いものがなくなるわ。そして捨てたところから新しい工夫がはじめて生まれます。1回捨てちゃえ〜」

69

カラコンは友達以上、恋人未満に。

「今の時代の劇的に変わるカラコンって、なんか違うんだよね〜。10代とかよほど若い子ならいいけど、大人がつけてると浮わついてる女に見えるし、なめられる。しかも年をとると黒目って小さくなるものだから、黒目が大きく見えるカラコンは習慣化すると怖いのよ。はずした瞬間に『自分の劣化』をひどい落差で直視させられます。ちょうどいいのは少し黒目の輪郭を強調する程度のもの。付き合いすぎると泥沼だけど、適度な関係なら悪くないわ」

70 フレグランスは戦略的に使うもの。

「印象は視覚よりも嗅覚で残せるもの。顔じゃなくて香りの方が記憶に残りやすいのよ。好きな男とか仕事相手とか、相手に自分の印象を残したいなら、しっかり覚えてもらうまでは香りを変えないようにね。コロコロ香りを変えていたら印象が散漫になります。そして、まったく香りをつけないのは、せっかく印象が残せるチャンスに武器をみすみす使っていないということ。もったいないわ。香りは女の人生そのものです」

厚化粧は心のマスク。

「自分が落ち込んだとき、老化に直面したとき、お化粧はその心や見た目を覆ってくれます。だから厚化粧は自分のため。ただし、たまに振り返ることが重要です。心や見た目に改善があったら、同時に薄くしていくこと。厚化粧がやめられないなら、ちゃんと原因を追究すること。整形にも厚化粧と同じ効果があるけど、私のメイクアップは整形に頼らず顔かたちを変えていくもの。メイクならクレンジングした瞬間に元に戻れるところがいいのよね。……やだ〜私も心のマスク、してるのかも〜(笑)」

71

72

思ったときが、きっかけの日なんだよね。

「美容室にお勤めしていた20歳前後のとき、はじめてメイクをして出勤したら、お客様たちがすごく驚いたの。『あの田舎から出てきた純粋な子が、どうしちゃったの？』って。その日以来、ずいぶんそうやって言われ続けました。でも私には驚かせる気なんてなくて、ある日『メイクをしていないと私らしく生きていけない』って思っただけ。きっかけやタイミングは大事だけど、私にとっては『思ったとき』がその日。周囲の反応ばかり気にしていたら、自分のイメージは脱皮できないわ」

73

見た目ばかり磨いてる女は、ただの鉄仮面。

「表面的な美しさはすぐに愛想をつかされる。姿形が美しいのに心の磨かれていない女に魅力はないでしょう。でも見た目がよくて心もキレイな女は、いつまでも愛される。芸能界でもそう。見た目が美しいという自信は凶器ですよ。内面を磨くという気をジャマするから」

74

キレイは努力、恋は努力、お金も努力。努力で直んないのは性根くらいよ。

『三つ子の魂百まで』って言うけど本当よ。私を含め、もう根っこのところは直せない。私、修業中にずいぶんたたき直されたけど、それでも直らない部分は直らない〜(笑)。でも、キレイと恋とお金は違う。努力次第でどこまでも手に入れられるものです。逆に、努力を忘れると3つとも『あっという間になくなる』という共通点があるわね。それから、キレイも恋もお金も、努力の方向を間違えると努力の意味がなくなる。つまり、すべて相手ありきの努力が正しい努力です。恋だけじゃなくて、キレイかどうかって自分ではなくまわりが決めることだし、お金もお客のニーズ次第。期待に沿った努力こそが実を結びます」

ねぇ、あんた知ってた？犬を抱いてると10歳若返るの。

「これ、本当らしいのよ、犬って癒してくれるから。私、撮影のときに大きなクマのぬいぐるみを抱っこすると表情がやわらかくなるんだけど、それも似た理由だと思う。犬やクマじゃなくてもいい。大切なのは『1日1回の幸せ探し』です。これが女を美しくする。おいしいものを食べているとき、気に入った服を着たとき、美しい景色を見たとき……いろいろあるじゃない？　よくないのは忙しさに流されること。忙しさに流されるとブスになるわ。ストレスから始まる深いシワは、筋肉に刻まれると治せないもの。でもね～、1日1回の幸せも見つけられないときってあるよね～。なんだったの今日1日は！っていう日（笑）。そういう日があってもいいのよ、私もよくあるわ。そういう日が何日か続いたりするのよ～（笑）！　でも小さな幸せでいいから、なるべく探すように努めましょうね。あと、死ぬほど忙しくしてる女は、毎日戦ってるから平穏なだけでも幸せを感じられます。美しさは日々の平穏な暮らしから生まれるのかもしれません」

75

76

どんなことがあっても、みすぼらしくしちゃダメよ。

「みすぼらしくしていると、人生そのものがみすぼらしくなるわ。これはお金をかければいいって話じゃないの。ブランドばかり持ってる女はブランドぼけするしね。お金がないならなくてもいいから、ないなりに清潔感のある格好をすること。輝いて見せることが重要です。どんな苦しいときでも、その苦しい状況下の小さな幸福を見つけて輝いていられる。これをできるのが『いい女』。苦しいときこそ、太陽をしっかり見ようね」

77

男のうれしそうな顔を見たら、必ず理由を考えること。

「男ウケの一番の教科書は、好きな男のうれしそうな顔。自分がどういうヘアメイクや服装で現れたとき、何をしたとき、何を言ったときにうれしそうだったか。ここを見逃していたら男ウケなんて一生わからないわよ。男って自分から言わないし、自分でもわかっていない可能性があるもの。どういう味を食べておいしいと言ったかも、味の嗜好の参考になります」

78
華のない女に足りないのは「光と影」。

「美しさを決めるのは光と影。体を細く見せる服選びも、顔を立体的に見せるメイクも、光と影をわかっている人が上手。キャラクターだってそうよ。明るいだけの女やアンニュイなばかりの女は、いくら美人でも埋もれちゃう。退屈だし、その他大勢の中から浮き上がれないの。華やかな女には、装いにもヘアメイクにも人間性にも、光と影で生まれる奥ゆきがあります」

79

若い女の美しさは絶対に枯れる。枯れたとき、返り咲くのに必要なのは「経験値」。

「美しさが落ちていくときって、花びらのようにオーラも一緒に落ちていくのよ。そのとき美しさ以外のものでオーラを立て直せれば勝ち。立て直すために必要なのは経験値です。積み重ねたキャリアがあれば、若い子には叶わないオーラで返り咲ける。だから経験はすごく重要。せめて20代のうちに、ただの美しさは永遠に維持できないと悟ること。美しさが枯れたとき見事に返り咲くための経験を、貯金だと思って積んでおくこと」

80

美容は財産。

「コツコツと積み重ねるもの。そして積み重ねが身を救うもの。私はそうね、65歳まではツルッとしてたいわ。そこから先はシワも、下がった口角も気にさせない迫力でいきたい。そのためには人と同じことをしていてもダメ。足の裏まで磨かなくちゃ。キレイな心と環境にキレイは宿るから、内面と住まいを清らかに保つことも必要。そこまで美しくあろうとする心意気が、本当に歳をとってしまったとき、見た目だけではない美に化ける。美容は財産よ」

81

上司を理不尽と思うのは、あなたのレベルが低いから。

第二章 仕事の格言

「上司が公私混同するような、感情的な性格だったら例外。ただ、たいていの場合は正しく聞くべきね。一般的に理不尽と思うものはレベルの差。私だって低レベルの提案を持ちかけられたら、即やり直しをさせるわ。やり直しをさせられた側は『理不尽』と思うかもしれない。でも、それはレベルが低すぎてやり直しの理由を理解できないからよ。上の人から見れば、下のレベルは手に取るようにわかるもの。自分も歩んできた道だし、その間違いの正し方を知っている。あなたが上司の意図を汲めるレベルに成長していないだけ。教える方はもっと苦しいのよ。自分の言ってることを、相手が絶対に理解できないと悟った上で教えるわけだから、言えば言うほど憎しみを買うかもしれないんだもの」

82

足元の成功を積んでいくこと。

「仕事において先のことばかり考えるのは、浮わっいてるのと一緒。先の方向性を見据えるのは大切だけど、今日もクリアになってないのに来年の夢を語ったって仕方がないじゃない。私にとって、仕事は瞬間が大切。『昨日の仕事はキャリアが積めたかな』『今日しっかりできるかな』『明日はどうかしら?』。地に足がついた仕事ぶりは数年後に差となります」

83

学んでるときは、注意されることが仕事よ。

「赤ちゃんは泣くのが仕事って言うけど、それと同じようなもの。新しいことを学んでいるときは注意されて当たり前です。だから注意する方もされる方も、注意を負担に思わないこと。注意がないって不幸なのよ。間違ったことを間違ったまま、レベルが低いことを低いまま、それでいいと思っちゃうでしょ。伸びなくなっちゃう。ただし続いた注意はうらみぶしを買うわ。いくら注意しても本人が変わらないってことは、本人に変わる気がないか本質を理解できていないってこと。注意する方は、似たような注意が続くようなら『その子を選んだのが間違い』と考えることも必要です」

美容という技術の世界に身を置いてきて思うんだけど、「一流になるための仕事」と「時間で区切られる仕事」を間違うと不幸よ。

4

「ヘアメイクもそうだけど、技術を磨く職業って時間では区切れない。技術の世界においては片付けも練習も、技術を身につける自分のための勉強。経営者は労働条件を示さなくちゃいけないけど、そこを逆手にとって長時間労働だなんて主張するのは、本人が道を選び間違えただけなんじゃないかしら。雑務を勉強と思えない子は、ちゃんと時間で終わる職業にお勧めすること。ここを間違えると互いにとって何もいいことがないわ。若い頃には雑務ばかりって時期があっても、一生続くわけじゃないじゃない？　私はそう思ってやってきました。若いうちに無理してやっておくことは大事よ、まだ体がもつもの。これが生涯の技術の肥やしになるの。つまり、仕事に費やしたすべての時間が自分の財産になるということ。技術の世界を選ぶってそういうことだと思います」

8

85

すべて天職の始まりは、鳥肌。

「鳥肌がたつくらい感動して、私はこの道で生きていきたいって思う瞬間があれば、それは天職になるかも～。感動したところから人は成長していくからね。いずれ『これが私の生涯の仕事』と感じる域に達することができるはずです。逆に感動のないところで仕事をしていると、くさっていく場合もあるわ。心がときめかないと人って努力しないのよ！　私は美容師からヘアメイク、経営者、メディアに出るお仕事と次々に職業を変えていったけど、共通しているのはすべて『美容』に関わっているという点。美容は、やってるときも語るときも『生きてる～！』って感じるの。まあ、そう思えるようになったのは30代に入ってからよ。修業中は大変なことも多かったから」

86

お付き合いで得る仕事は続かない。

「友達になって仕事をもらおうなんて大間違いよ。お食事会やBBQなんてお付き合いにかける時間があったら、そのぶん自分の仕事を磨いていきなさい。お付き合いでしか仕事をとれない人間は『その他大勢』に成り下がる。本当に実力があれば、社交しなくても仕事は続くもの。仕事上のお付き合いは、実力に自信のない人間のやること」

87

問題が起きたときの対処の仕方が、一流か否かの分かれ道。

「どんな男も女も、一流かどうかの見極めはカンタン。恋愛でもそうよ。自分の都合が悪くなると急に言うことが変わったり、電話に出なくなったりするような人は二流。問題が起きたとき、関わった人たちが困らないところまで解決にもっていけるのが一流の仕事人。それから、一流の人たちは集団に入っていかないわね。余計なことにエネルギーを使わない。本業にためていらっしゃる」

88

辞めグセは治らない。浮気と一緒。

89

仕事上手は年じゃない。

「仕事をコロコロ辞めて変える、アレはクセね。辞めグセの子は、どんなに恵まれた職場でも必ず辞める。浮気と一緒よ。昔は『最低5年勤めなさい、その後3年お礼奉公』と言ったの。つまり最初の5年はスタート地点にも立てていない状態ということ。そして仮に辞めるならその後、使いものになってから3年は雇い主にご恩返しをしてから、という意味。今の時代ならせめて3年は勤めなさい。これって親が教えておくべきことなんじゃないかしら。だって辞める理由なんて関係なくて、本当にただのクセなんだもの」

「仕事ができるかどうかって、一生懸命生きてきたかどうかよ。年齢は関係ないわ。自分の仕事に真正面から挑んで苦しんでいたら、同じ年の子と悩みのレベルが違って当たり前。悩みの差って埋まらないのよ~。一生懸命に生きれば生きるほど、悩みのレベルは他人に理解のできない域にいく。だから仕事の質も他人より抜きん出ていて当たり前」

90

単調な仕事なんて皆無。

「どんなに単調な仕事だって、極めていけば必ず奥が深いもの。自分に与えられた仕事を極める意志があるかどうかが重要。何でも極めていこうとしないことには『不満』しか生まれないから。極めていくと『苦しみ』が生まれるけど、『苦しみ』は仕事を追求した人だけが味わうもの。だから乗り越えると自分が進化する。そこから新しい何かが始まります。これが仕事の『不満』と『苦しみ』の違いね」

91

どんな仕事も好きから始まる。

「『好き』だけで仕事は成り立たないけど、本来はどんな仕事も『好き』から始めた方がいいわ。ただし好きなことは趣味の程度にとどめておくことが幸せだったりもする。仕事にすると、追求すればするほど苦しくなるもの。『好き』だけじゃうまくいかないときがやってきます。それでも、根本に『好き』があれば、波は乗り越えられる。極めていこうとする心意気が違うもの」

92

仕事とは、お金をもらうこと。

「10年近くキャリアを積んで、結婚や出産で生活スタイルも変わるタイミング……30歳前後で転職や独立を考える子って多いみたいだけど、どんな仕事もお金をもらって成り立つということは大前提です。他人の感情やオーダーに合わせて働く以上、好き勝手はできない。だから他にやりがいを求めて転職したとしても、絶対に楽しいばかりではないわ。どんな職業にも、成功した人たちが何十年もかけて積み重ねてきた世界がある。そこに自分の都合で飛び込んで、納得いくだけ稼ごうと思ったら、基礎から重ねる下積みの苦しさを覚悟すること。物事には順序があるのよ。その職業に対して、何年自分の涙を流せるかしら？　それから、仕事でお金をもらうということは、そこにそれだけの責任が生じているということよ。お金をもらう以上は、個人的なやりがいや楽しみよりも、責任感が優先されるべき」

93
相手の性根は変わらない。

「無責任な上司、ダメな同僚、メンドウなクライアント……みんな変わらないわよ（笑）。たくさんの人を見てきたけど、これは断言できるわ。仕事でも恋愛でも、人の性根は変わらない。だから工夫が必要。他人に対するフラストレーションは無意味だと思って、自分が先回りするしかない。先回りして、巻き込まれないようにすること」

94

嘘の才能がある人には近寄らないことね。

「環境による嘘の才能、ってあるのよ～。だいたい幼少期に厳しい親に育てられて、嘘をついて媚びて育った子に多い。嘘をつかなきゃいけない理由が環境にあったのね。そういう子は小さいときから『訓練』されてるから、もう天性の嘘つき。なかなか嘘がバレないから、巻き込まれると怖いのよ。仕事上でその場しのぎの嘘をつく、バレそうになって追い込まれると次の嘘をつく。そしてそれが意外とつながっていくの！結局、明るみに出たときにおおごとになってるパターンね。小さい頃から鍛えられた嘘つきでなければ、仕事上の嘘って普通はバレるでしょ。でも本当にたまにいるのよ、嘘の才能がある人！　その人の仕事は嘘＝不確かばかりで、土台さえ嘘だから、絶対に成功を生まない。巻き込まれたら、やさしく接して関わってる期間をとにかく乗り越えること。本人の嘘を追及しようとすると、どんどん次の嘘が生まれるわ」

95 人は、やさしさに1週間で慣れるもの。

「部下に注意をできないって悩みが世の中には多いみたいだけど、嫌われたくないからやさしくふるまうなんてバカみたい（笑）。人はやさしさにあっという間に慣れるわよ。そうしたら立場逆転、なめられる。だいたい、どんなにやさしい人間でもひとつひとつの仕事を真剣に考えていたら注意せずにはいられないもの。人の手抜かりに注意が至らないということは、あなたの仕事に対するポリシーがないってこと」

6 人を長続きさせるためには、感動させること。

「どんな職業でも『本番』に接してる若い子は意外と続くの。上司の生き方、仕事ぶり、そしてトラブルが起きたときにどう対処するか。『本番』に接している子は、その波を目の当たりにしてるから刺激的で、続くんだよね。逆に『本番』を見ていないで注意ばかりされてる子は、いちばん続かない。波を見ていないから、感動という経験が少ないんだと思います。作られた見た目の成功は、若い子にだってすぐ見破られる。そうすると人はついてこない。だから、人がついてくるようになるには、自分のあり方すべてで感動を与えられるようになること」

97

どんな非常事態も乗り切れるのがプロよ。

「どんな状況にでも対応できるのが本物のプロ。そのためにも、基礎は絶対に必要です。つまり時間と努力の積み重ねが必要。基礎ができていないと絶対に非常事態は乗り切れないわよ〜。応用についていけないってこと。あのね、一攫千金の人生設計なんて土台のないまぼろしのようなものなの。これをわかっていない人は、自分の都合でラクな方法で稼ごうとするわよね。まわりを巻き込んで失敗するのは、そういう基礎の積み重ねを怠ったタイプ」

98 要領って、紙一重。

「何かを頼んできた相手や、状況のポイントを的確に汲み取ること。そしてそこに正しく応えること。これができると仕事の要領はよくなります。ポイントがわかれば回り道をしないからスピードも上がるはず。さらに、求められたことより少し増した結果を出すことができる人は、仕事ができると言われます。仕事における『賢い人』ね。要領の悪い人って、物事を深く考えないタイプ。ポイントが汲み取れないし、効率化がはかれないのよね〜。そして、何をするにも工夫がない。物事に興味が薄いから工夫しないのよ。だから1時間で終わるものが5時間かかったりする。でも、要領のいい人が必ずしもすばらしいとは言えないから気をつけて。要領がいいばっかりに信用を失う場合もあります。要領の悪い人からひがまれることも多いよね」

99
見切ったら、見切られる。

「私、人を見切れないのよ。経営者として何人も抱えていたときだって、どんなにできない子も相手が辞めると言い出すまで見切れなかった。でもその結果、私がその子から学ぶことも多かったわね。今いただいているお仕事もそうよ。どんなに不快な思いをしても自分からは見切らない。相手がどうであれ、その相手との関係を育てる気を持たないと、まぼろしの財産しか築けません。そしていつかは自分の方が見切られるから。逆に、優秀な子は手放すタイミングを間違えないこと。上司にとっては優秀な子ほど、いてくれた方がラクじゃない？　だから普通はなかなか手放せない。でも優秀な子を抱え込みすぎて本人が煮詰まると、じきに敵になるわ。運命共同体になるのもひとつの手だけど……早めに手放して、本人のやりたいことをやらせてあげること。本当に優秀な子は、手放すタイミングを間違えなければ、恩師とは少し異なる路線で活躍する道を選びます」

100

仕事ができない人って納期を守れない人のことを言うのよ。

「どんな仕事でも、決まった時間内に的確な内容を表現することは絶対。新人でも時間を守ること、時間より早く仕事を納めることがすべての始まりです。仕事の仕上がりの度合いは、またその次の段階よ。たとえば、3日でお願いって言って2日で上げてくる子には、次も安心して任せられるじゃない。不満足な内容でもやり直しがきく。でも3日でお願いって言って3日をオーバーする子には、もう頼みづらいでしょ。危なっかしいし、万が一のときに修正がきかないし。だから、まずは時間を守ること。そこから先は仕上がった内容に、望んだ仕事より何点のプラスアルファがあるかというジャッジになります。時間があってもなくても、安定した仕上がりを約束通りに上げられるのがプロの仕事。仕事のできる人は臨機応変な対応ができるものです」

101

イヤだな〜と思ってる人から、引き出しを増やしてもらってるよね。

「人にはいろんな感情と考え方があるもの。その十人十色のいろんな感情と考え方を、絶えず学んでいくこと。そうすると人間関係の『引き出し』が自分の中に増えます。引き出しは、楽しい人には増やしてもらえないのよ。だって楽しく付き合ってるときって、人間関係に悩まないから。いろんな人がいるよね～って障害にぶつかったところから対応策が生まれます。自分で経験してはじめて『こういう人にはこういう風に接しなきゃいけない』ってわかってくるものなのよ。いろんなパターンを知ることで、自分の対応のバリエーションを増やすことができるということ」

感情は訓練、表情も訓練。

102

「私、焦ってしまいそうなときは『私はB型、私はB型』って心の中で唱えるの。私の血液型、本当はA型なんだけど、B型ってマイペースでうらやましいなって思ってて……それで、自分の人格を変えるおまじない（笑）。自分のペースが乱れそうなとき、自分を変える方法をいくつか持っておくといいわよ。人の感情って、誰だって一定じゃないもの。日々いろんな感情があるし、いいときも悪いときもある。でも、すべては訓練。感情も表情も、訓練次第でコントロールできるようになります。感情のダダモレはソンするわよ」

103

仕事の温度は成功に比例。

「仕事に対する温度差って、もう絶対に埋められない。だから私、新しい仕事をするときは前もって担当者に一度お会いするの。そのときに温度差を確かめます。温度差の違う会社とは取り引きできないし、温度差の違う担当者とは組んでも成功しないっていわかってる。これに気がついたのは40代に入ってからね。関わってる人の熱意＝温度って、人の心に響くもの。温度という思いがあるからこそ成功がある。だからテレビにしても雑誌にしても化粧品にしても、作り手の温度を感じさせないものって絶対に売れないわ」

104

「好感度って相手のニーズで変わるもの。たとえば息子の嫁なら『息子を大事にしてくれそう』、お医者さんなら『頼りになりそう、治してくれそう』、タレントなら『やさし

カリスマ性って、極めるところから生まれるの。

さと笑顔』。そして経営者なら『この人についていけば間違いないと思わせるカリスマ性』。それが仕事における好感度につながります。カリスマ性って説得力のことね。この説得力は仕事を極めると出てくるわ。仕事を極めてから、唯一無二になり、自信を持ったところから生まれるもの。『私、どうかな』って不安があるうちは、まだオーラは出ないわね。不安があるってことは、まだ何か自分をごまかしてるってことだもの。数々の不安をカンペキに乗り越えた後、迷いがなくなるとカリスマ性のオーラが出ます。でも、勘違いしないで。カリスマ性を保ってる人たちは、常に『次の不安』と戦い続けているのよ。不安がなくなると人って努力も成長もしなくなるものだから」

105

自分が立ち直っていける方法くらい、自覚しておかなくちゃ。

「『自分のポイント』っていうのが誰にだってあるのよ。心身ともに疲れきったときに、心をプラスに変えるポイント。これを知っておくことはすごく重要です。私の場合は、心身ともに疲れたときこそ運動する。ウォーキングして発散する。もしくは韓国のホームドラマを観るとかね。人によって違うから、自分で見つけて自覚しておくこと。ひとつでもふたつでも……いっぱいあった方がいいわ。しかも、本当は子どもの頃に身につけておいた方がいいのよ。愛情をかけてくれる親から離れて、社会にもまれるようになった瞬間から必要になってくるから」

106

キャリアとは、先を読めるスキル。

「積み重ねてきた仕事の濃度が濃いほど、下の子の動きの先が読めるようになる。どういう結果が出るか見極められるようになる。それがキャリア。たとえば、水の入ったコップが倒れるのを何度も目にしていたら、その倒れ方のバリエーションを人より多く知るでしょう。その経験値から、先が読めるようになります。だからキャリアを積むほどに心配性になるのは当然です。心配性って悪いことではないのよ。リスクマネジメントができるということ。だから成功のためには必要なことね」

107

確信犯かな、と思った時点で確信犯。

「一生懸命やってる風なのに何度注意しても同じ間違いを繰り返す子、これはだいたい確信犯。『確信犯じゃない？』と疑った時点で、そういう勘は当たってるわよ。疑うっていうことは、もう何度も同じ注意が繰り返されてるわけだもの。でも確信犯にも種類があって、悪気のない確信犯が一番やっかいです。代表的な悪気のないパターンは『苦手なことにフタをする確信犯』。できないことを後回しに、見て見ぬ振りをするのね。何時間考えてもわからないものだから、真面目にやってる風でも結果がついていかない。それで、最終的には怒られれば済むって思ってる。怒られることがわかってるのに、怒られてるところが確信犯。そういう子は、もう能力がついていけないのよ。仕事の内容をできるところに変えてあげるしかない。悪い子ではないし、真面目に見せてるわけでもないの。その子が『不得意』に巻き込まれてしまっただけ」

物事を知らないって、怖いのよ〜。

108

「若い子には『とりあえず言う通りにやりなさい』って言うの。『結果が出たときわかるから』って。『言うことを聞かなくてもできるのならやれば』ってやらせても三流の完成度しか望めません。そりゃそうよね、一流を知らないんだから三流でも本人は大満足よ。でも、それでは仕事は成功しない。わかりやすく言うと、1000万円のダイヤモンドを知らない子は1万円のレプリカを極上と思ってしまうようなもの。本人のキャパでしか、物事の良し悪しを判断できないの。上へ行きたいと思うなら、最初っから背伸びする必要はないから、まずは一流の仕事を目にすること。仕事を言われた通りにやってみること。買えなくてもいいから、『最高』を自分の目で見て知っておくことよ。一流の仕事には完成度以上に、洗練された気品があります」

仕事を極めたら、次に必要なのは鈍感の力。

「仕事を追求していくと、どんどん妥協できなくなってくるじゃない？　気になるポイントが増えていく。研ぎすまされて、敏感になってくる。敏感になることは重要だけど、敏感になると他人に対する目線が刃物のようになっていきます。だからまわりから人が離れていく。自分が努力すればするほど失っていくものってあるのよ。でも、仕事を極めることができる人が本当に鈍感になるのは難しいから、そこからは自分の敏感さをオブラートに包む作業が必要になってきます。具体的には、気になるポイントを見ないようにすることよ～（笑）。見ないようにしても見えてきちゃうから、もうそうなったら、むしろいいところを拾っていきなさい。自分を敏感に見せないことね。それでバランスがとれてくる。鈍感と鈍感の力は違うのよ。敏感な人が鈍感の力を身につけたとき、本当の成功が生まれます。鈍感の力が身につくと、まわりに人が集まってくるの」

109

心も美しく生きようと決意した人が最後は勝つ。

「仕事をしていると、自分の力ではどうにもならないことに出合います。『これ絶対におかしいよね～』ってことだってよくある。この社会で自分らしさを貫こうとすると、孤独になるわ。強くならないとやっていけないからって、おかしい方に合わせていくうちに、同化しちゃう子もたくさんいるわね。でも、そこで自分を崩さず『正しいものを見ていこう』と誓ったら、その子が勝つ。人としての美しさ、真の美しさが最後は勝敗の分かれ道になるということ。汚れた周囲に染まってしまうのは三流、まわりも美しい心に染めてあげられる人が一流です」

110

111 振り回される恋の切なさは「酔ってるだけ」。

第三章
恋愛の格言

「男は形を求める、女は形のないものを求める。つまり男には『自分のものになった』っていう事実が必要、女には『私のことを好きかどうか』っていう見えない心の動きが重要。これがすれ違いを生むよね。『好き』だけで不遇の状況をよしとする女の子たちが多いけど、それってそもそも基準が違うから起こること。それで女の子たちは振り回されてるわけよね。でも振り回されてる自分に酔ってるだけって場合は多いわよ～。なかなか会えない彼に、毎回会えるようになったとたん興味がなくなったり（笑）。だいたい毎回会っても興味が失せないほど『魅力が底なし沼』な男なんて、そうそういないわよ」

112

恋はシーソー。

「特に30代くらいまでの若い女性の恋の悩みを聞いていると、本当に肉食系女子と草食系男子の時代になったのねぇと思います（笑）。価値観が逆転している。そして女の子たちは自分の『好き』に首を絞められてるわね。煮え切らない男に振り回されている話をすごくよく聞きます。でもね、恋は本当にシーソーよ。お互いのシーソーゲームがうまくいっているとき、あなたはそんなに相手にのめりこまないはず。恋に悩んでいるときは、バランスが崩れている証拠。どんなに好きでも『好き』を出しすぎるとパワーバランスは崩れます。お互いに好きでも崩れるもの。シーソーである以上、フラットはないの。むなしいけど『好き』ってそういうこと。あなたがバランスを変えるべく、賢くなるのが唯一の解決策」

113

相手の「悲しい顔」を見たくない、が情の正体。

「私は自分のまわりのスタッフに『青春を犠牲にさせたな』『家庭を犠牲にさせたな』と思うことがあって、だから絶対にスタッフを不幸にしないと心に決めています。私のために働いてくれた子たちには、一生みじめな思いはさせません。そりゃ厳しく言うときは言いますよ、だいたいは厳しいかもしれない（笑）。でも必死で駆けつけてきてくれた瞬間かわいそうになることがあるし、がんばってる姿を見た瞬間に心から応援する。私が人生で一番見たくないものは、私の家族であるスタッフがショボンとなってる顔なのよ。その表情を見たら、『私が守る』と思う。これが情です。仕事の関係においては絆とも言い換えられるわね。でもこれ、恋愛になったらやっかいよ。情ほど断ち切れないものはないもの」

114

恋ができなくなってるなら、女に戻る時間をつくること。

「女性も仕事をバリバリやってると男化が進むから！　私もそうなんだけど、男化が進むとそのへんの男性に性を感じなくなってくるよね。そうなったら仕事を抜きにして、女に戻る時間を少しずつつくっていくことです。男性以上に仕事をやってると、女性は男性を仕事目線でジャッジして、ダメなところをすぐ見抜いてしまうようになるの。自分の年齢が上がるほどに若い子が物足りなくもなってくるし……そして、あまりに恋から遠のくと恋が億劫になる。だいたいある程度の年齢まで1人でいると、自分のペースというものができてくるでしょう。要は誰かとお付き合いして人のペースに合わせていくことがメンドウになるのよ。私、合コンはオススメしないけど、出会いが欲しいなら友達と会うなりなんなり、とにかく外に出かけることよ〜」

最初に「2人のルール」を決めた方がいいわよ。

「お付き合いをするということは、お互いの個人的な生活ルールの歩み寄り。だから生活のささいなことで『少しずつルールを尊重し合うこと』が必要不可欠。そういうときに自分ばっかり譲歩する関係だとキツいわよ〜！　だから最初が肝心。歩み寄るって、好き同士のときにしかできないの。関係が長くなって相手のペースに飲み込まれてからじゃ、引き返せないわ。ラブラブな時期に『2人のルール』を決めておきなさい。だいたい恋人同士って、好き度が強い方が相手に合わせてしまうものよ。どうやってもパワーバランスが作用します」

116

愛するって、どれだけその人を許せるか。

「20代の頃、私の知人A子がどうしようもない男と付き合ってたの。2人で暮らしていた部屋に嘘ついて他の女を泊めて、その女はA子の化粧品をぬけぬけと使ってて、さらに男はその浮気相手の女を妊娠させてたのよ。A子にはさんざん説教したよね、別れればいいじゃないって。でもそのときA子が言い放った言葉が衝撃だった。『今はまだ、あの人のことが好きだからいいところしか見えない。悪口は言いたくない』ですって！普通、そこまでされて人を好きでいられる⁉嫌な部分も含めて好きだなんて、恋は盲目よね。でもひどいことをされても許せる心、それが愛とも言えます」

117

金の切れ目、仕事の切れ目、情の切れ目が縁の切れ目。

「心の離れた彼を諦めきれないなら、自分から切れた縁を復活させる工夫が必要。遊びの恋なら特に、彼には何かしらあなたと一緒にいるメリットがあったはずよ。金か仕事か情か——彼との縁が切れたかと思ったら、その『復活縁』は自分でつくるしかない。金か仕事の縁なら、本当はラクね。大切なのは、どの縁でつながっていたのかを見極めること。それから相手の一番大切なものを大切にするという奥の手もあるわ。これは何だってそうよ、本当に。たとえば彼がマザコンなら、彼のお母さんを大事にし始めると関係が改善する。彼が大切にしている仕事に関われるなら、その手助けをすることで縁が復活する。彼が人生で何に重きを置いているかは重要です」

118

恋愛を詰めない男は、仕事も詰めきらない。

「結論を出せない男っているのよ。最近は特に多いですね。肝心なところで逃げる、責任を負いたくない男。これって性格だから諦めて、女の方が詰めてあげるしかない。こんな男と付き合っていたら、結婚もお別れも永久に答えが出ないもの～。でも『詰めが甘い性格』ということは、その男、恋愛だけじゃなくて仕事も絶対に中途半端。そんな男でいいの？　三角関係でモメたときに収束にもっていけない男も最低。別れ話のケリをつけられずに逃げる男に至っては、別れた後に思い出す価値もないわよ！　絶対に何をやらせてもできない男。ちなみに恋の後始末が苦手な男は、長く付き合うとセックスもワンパターンよ」

男の「忙しい」はだいたい嘘。

119

「本当に好きなら、時間つくるわよ（笑）。どんなに多忙な仕事についている男だって、『忙しい』は理由じゃない。相手のペースでしか会えない恋は、完全に都合よく利用されてるだけ。それでも会えてうれしいなら、会えばいい。私も経験しました。でもこれは必ず苦しくなる。いつくるかわからない電話を待つ日々が続くと、精神的におかしくなるわ」

120 男の状況は目を読むこと。

「興味のある相手がいたら、まずは目が合う回数を数えてみること。0回はキビシイよね。何度か目が合うようになったら、食事に誘ってみる。誘うタイミングは目が合う回数でわかります。恋の終わりも同じ。彼が目を合わさなくなったら危険信号。彼の目線がこなくなった瞬間こそ、恋が離れていった瞬間よ。男の気持ちの移り変わりは目に表れます。それから性根の見極めも目が重要。問題のある男って、やっぱり目の奥が悪そうだもの」

121

いい男には、味がつく。

「若いうちの男選びって、カッコよさより味がつくかどうかで選ぶこと。味がつく男っているのよね。顔も体も並程度、でも磨けばいい感じになるかも……くらいがちょうどいいです。若いうちの『今現在のカッコよさ』って絶対に飽きがくるわよ～。賢い女は隠れた才能を見抜いて、早いうちにそういう男をモノにしています」

122

哀愁のある男は大丈夫。

「遊んでいる風に見えても、根本にどこか真面目な部分があるということ。ロクでもない人なのかしらと思っても、哀愁があれば最後の最後でひどいことにはならない。元気そうに見えても、ふとした背中から漂う雰囲気でわかります。哀愁を出せるのは、切なさという感情を知っているということ。それは魅力。私も、気がついたら哀愁のある人を選んでいます」

テンションの続かない男と付き合うと不幸になる。

123

「女を一番不幸にするのがテンションの続かない男です。テンションが高いか低いかは関係ないの。テンションが一定かどうかが大事。だってテンションにムラがある男って、いきなり心が変わるから女は絶対に振り回されるもの。翻弄されます。いくら根がやさしくて尽くすタイプの男でも、テンションが長持ちしないと、飽きられたら終わり。できることなら、これだけは体の関係になる前に見極めておくことです。会話の時間をなるべく持った方がいいわね。頻繁にコミュニケーションをとっていれば、テンションの続く男か続かない男か、意外と見極めはカンタンよ。見極める前に『テンションの続かない男』と体の関係を持ってしまうと、運悪く体の相性がよかった場合、もっとも翻弄される。これが最悪のパターンよ〜！」

124

なんとなくの彼、でも心の余裕はくれるわ。

「別れるとか別れないとか曖昧なまま、続けていける大人の恋ってある。最近は若い子でもその感覚はあったりするようですね、驚いたけど。やることやってても、ボーイフレンドって感覚。でもこれって本当の恋愛ほどの重みはないから、その恋でキレイになれるかもなんて期待しても無理よ。ただ心の余裕感は出る。私はけっこう白黒つけたいタイプなんだけど、はっきりさせなくて誰も不幸にならないなら、それはそれでありだと思います。ただし独身同士限定。どちらかが既婚者の場合は白黒決めること。『なんとなく』じゃ、壊してしまうものがあるから」

125

あんたそれ、キープよ。

「心が離れたかもしれない彼に電話やメールをして、まぁ応えてもらえるとうれしいよね。でも何度連絡しても応えてはくれるくせに、自分からは連絡してこないなら、その男は最低。そこで多少なりとも思わせぶりなことを言うようなら、もうかなりけっこうな最低！　煮え切らない男よ〜。だいたいきっと、誰に対してもそうしてます。最近の若い男の子に多いんだけど、『きっとまたどこかで役に立つ』と思ってるから女性との縁を切りきれないのよ。思わせぶりではなく本当に心があるなら、感情が止められなくなって連絡してくるはずです。あんたからしか連絡しないのは、キープにされてると思って間違いないわ」

126 結婚したら地獄って、まぁそうかもね。

「女の子は結婚の約束ができないまま同棲すると、『婚姻届』というケリをつけられないままズルズル婚期を逃しがち。最初に話さなきゃダメ。実際には婚姻届がすべてじゃないから、結婚を目指さずに人生のパートナーとして歩むことだってできるはずです。今の男の子にとって、結婚は恐怖よ（笑）。幸せな結婚生活を送っている人生の先輩がまわりに少ないから、ネガティブなイメージしか持てない。だからそれでも結婚したいなら、女がしっかり勢いで決めること。決めたところで、結婚生活にも離婚にもエネルギーがいるわよ。今の時代、本当に優柔不断な男が多いから」

127

自分にとっての結婚適齢期を決めなさい。

「結婚したければ、一番大切なのは自分の結婚適齢期を決めること。本当に結婚したいのか、何歳までに結婚したいのかは人によって違う。だから絶対に結婚するんだって気持ちがあるなら、まずは何歳で結婚するのかゴールを定めることが重要です。だいたい婚期を逃して嘆いてる子って、若い頃に仕事に没頭してたか、だらしない男と付き合ってたパターン。婚期を定めて逆算すれば、だらしない男と付き合ってることの無意味さにも早めに気がつけるはずです。でもだらしない男と付き合ってたら必ず不幸になるってわけでもないのよ。自分が稼いで、だらしない男には癒しや喜びをもらえばいいだけだもの。つまり、だらしない男と『女として理想の普通の家庭』を築こうとすると不幸になりやすいということ」

128

恋の始まりからだらしない男は、付き合うともっとだらしない。

「素地がバレるから当然よ。恋愛が盛り上がってるうちはいいですよ、何をやっても魅力的に見えるから。でも、一緒に暮らしてまでだらしない男は許せるかしら。ペットと一緒ね。可愛いだけじゃない。飼うとトイレの始末まで大変でしょう。お金へのだらしなさ、女関係のだらしなさ、性格や生活のだらしなさ——最初の見極めが肝心です」

129

仕事の関係者とは恋に落ちないこと。

「男も女も『才能にホレる』ってことがあるから、仕事の関係者とは恋に落ちやすいわ。女性に多いわね。男性で、女性の才能にホレていくっていうのは、ちょっと女性的な男かもしれない。でも社内恋愛もクライ

130

いい加減な男ほど、楽しいことにしか興味がない。

「男って苦しみに弱いもの。女より弱いわよ。だからわりといい加減な男ほど、楽しいことにしか興味がない。ラクなこと、お金になることにしか動きません。彼とうまくいってないとき、彼がそういうエサをチラつかせる女に言い寄られたら、あなたはすぐに負ける。嫉妬や行き違いでイライラしてる女より、居心地のいい女と一緒にいる方が彼は楽しいもの」

アントとの恋愛も、うまくいっているうちはいいの。この言葉の本当の意味がわかるのは、恋が終わったとき。別れたときに必ず苦しくなる。見ていなければ忘れるのも早いけど、相手を目にしなくてはいけない環境だから切なくなる。終わった恋を取り戻したくて、彼の前で冷たくしたって、男にはそんな女心は絶対に伝わんない。イヤな女に成り下がったと思われるだけです。ボロボロになっても逆効果。ボロボロになった女を見ると、男って『あ～、あんな重い女、縁切っといてよかった』ってなるのよ！　次の男をつくったように見せてもいけないわ、ケツの軽い女だと思われる。だから別れた後に自分との戦いが待っています」

感情を共有した人の勝ち。

「距離があると恋愛ってすぐに終わるわよ。どちらかが弱ってるとき、近くで支えてくれる人がいれば、誰だってそちらになびくもの。人は感情の動物。『場』の感情をお互い共有できるかどうかが重要です。感情を共有した結果、恋が芽生えるなんてよくあること。だいたいね、あんた、意外と男の浮気は『灯台下暗し』が多いのよ。男は、身近で感情を共有できる女に弱いということ。だから浮気も近場！　男の浮気って、その女性と会う回数が多ければ多いほど、それだけで機会になっちゃう。フラッと一緒に食事に行ったりなんかして……フラッとしたところから始まるわ（笑）」

131

132

恋愛相談で人柄はバレる。

「一番危険なのは、人の相談をあおる人。相談を持ちかけられたらあおって楽しむタイプの人というのがいて、そういう人は、悪い方にもいい方にもあおる。本当の状況なんて本人にしかわからないのに、わかったかのように『そうだそうだ！』ってエキサイト。人をあおって、どんどん変になっていくのを楽しんでいたりします。これってクセみたいなもので治らない。恋の相談を受ける側の正解は、話を聞いてあげることと、冷静になってと諭してあげることくらいじゃないかしら。悩み相談に無責任な人は、あなたの人生の要注意人物です。それから、恋愛相談というものは、真実をすべて明かさないと相談にはならないわよ。絶対に。話したドラマがズレていたら、どんなまともな人に相談したって回答が間違った方向に向かいます」

133

恋愛はゴールだらけ。

「恋愛の重みって、付き合った人数や期間では量れません。大切なのは、恋人とどれほど充実した時間を過ごしたかということ。自分にないものに何度触れたか、いくつの発見があったか。感動の積み重ねこそ恋愛の重みです。このバリエーションを知ることが経験値。そもそも人生にゴールはないけど、恋愛はゴールだらけよ（笑）。別れがつきものなのが、人との出会いというものです。必ず別れがあると思えば、一緒にいる時間の小さな感動はすべて輝くよね」

134

理性で別れるのは美しい終わり方じゃないわ。

「『この選択がお互いにとってよかった』っていう別れ方はあるかもしれない。でもいい思い出だけ残そうとか頭で考えて別れても、未練は残ります。それだと悲しみが後追いしてくる。だから理性で割り切った別れって決して美しくはないわ。だいたい恋愛に美しい終わり方なんてないのよ～。あえて言うなら、美しくなくても『自然な終わり方』はあるよね。お互いの気持ちが離れて、お互いにフェードアウト。難しいけど、両方の気持ちが同じタイミングで同じスピードで離れたなら、それは『自然な終わり方』です」

135

男はプライドで嫉妬する、女は想像で嫉妬する。

「浮気されたときの嫉妬の仕方って男性と女性とで違うのよ。男性の場合は『他の男にとられた』という、自分のプライドが傷つく嫉妬。女性の場合は、現場を想像して傷つく嫉妬。つまり彼が他の女と一緒にいる光景、寝てる光景を想像して嫉妬するの。この苦しみの感覚の違い、理解していないと悲劇が生まれます」

136

愛人の才能、ってあるのよ。

「性根の悪い女と出会ったら、性根対策しなきゃ。恋愛において性根の悪い女を敵に回すと恐ろしいわよ。戦うと絶対に自分が不利です。だって、女の性根の悪さを見抜ける男っていないから。わかりやすく言うと、三角関係になってモメたとするじゃない。性根の悪い女は、彼の目の前で『あなたを意地悪な女』『自分をか弱い女』に見せる演出に長けてるわ。性根の悪い女って、常識が通じないし嗅覚がするどい。堂々と嘘がつけるし、意外と運がいいの。まぁ運がいいから性根が悪くても生きていけるのよねぇ……。性根の悪い女は、愛人という商売をやらせたら一級よ。愛人の才能ね。普通の女の子は、性根の悪い女には関わらないのが一番です。でも関わることになったら……まずは相手の出方をよく観察すること、それから絶対に動揺を見せないこと」

137

タブーを犯した恋に、涙は当然。

「本当はありえないと思うんだけど、W不倫って成立しちゃうのよね。互いに背負ってる重みが同等だから、お互いの部分では成立するの。だいたい最終段階で家庭を捨てきれないのは男の方よ、女の方がまだ割り切る。逆でも、両方が同時に踏ん切れることは稀有ね。これが『不倫の温度差』です。ただ楽しいだけなのか、この人がいないと生きていけないレベルなのか。不倫って温度差をチェックしておかないと不幸のスパイラルにはまるわ。片方だけが既婚者の場合もそうね。でもいずれにせよ、不倫はタブー。もう絶対に犯してはいけない領域です。だって苦しめる人がいるんだもの。人を傷つけて、明るい恋になるはずがないわ。タブーを犯した恋に、涙はつきものです」

138

フタをすればするほど恋心は募るもの。

「恋が終わったとき絶対にやってはいけないのは、まだ好きな気持ちにフタをすること。心の整理整頓ができないまま理性で感情を押し込めると、思いは募る一方です。膿んでいくわ。あのね、私は男性で男性を好きになる恋だから、フタをしなきゃいけない状況が普通よりも多いの。それで若い頃はさんざん悩みましたよね……電話できない、忘れられない、気持ちを封じ込めるしかない。試行錯誤した私の結論は、必ず気持ちを、フタをする前にクリアにしなきゃいけないってこと。彼のどこが好きだったのか、自分に反省点はあるか、彼の態度は紳士的だったか……彼のイヤなところを考え抜いてみる。彼をうらむんじゃなくて、自分の恋心に対して冷静になる作業です。本気で好きな男を忘れるのに、時間だけで解決しようなんて無理よ」

諦めても諦めなくても、結果は変わらない。

「終わった恋には、自分の心の整理が必要です。別れた彼が忘れられないなら、好きな間は苦しみを我慢するしかない。『惚れた方が負け』は真実です。彼のことを諦めきれないなら、諦める必要はないわ。でもあなたがどうであれ、結果は変わらない。だから終わった恋に決着がつくのは、自分の心の整理がついたとき。その整理を早くつけて割り切った方が、ずっと早く幸せになれる気がする。でも思い通りにいかない恋を過ごした時間が、女を磨いてくれることだってあるのよ。がんばって！」

139

140 人生のなかで忘れられない人。

「恋愛が怖くなる瞬間、というものがあります。のめりこんだ相手と終わったときね。私、基本的に恋愛はしてたいタイプなんだけど、それでも心底好きだった人と別れた後は怖くなりました。次はもう、こんなに人を好きになれないかもしれない。そんな日は一生訪れないかもって勢いよ〜！　でも私の経験から言うと大丈夫。次も現れるわ。これって心底好きだった人を否定するわけではないの。思い出に変わるときがくるということです。これが、未練とは違う『人生のなかで忘れられない人』。そういう人との恋を一度でも二度でも経験できたら幸せよね」

141

ゴールドは成功の色。

「色にはすべて意味があると思うの。私にとって赤は情熱、グリーンは癒し、ピンクは女のオーラ……そして成功の色はゴールド。自分にとって必要な色が、つねに目に触れるところにあることが重要です。特にゴールドは地面に近い部分に持つほどいいって聞いてから、ペディキュアは絶対にゴールドね。でも全身ゴールドだらけもえげつないわよ〜。バランスが崩れたときは、人生のバランスも崩れるときです」

142

30代までは貯めなくていいわよ。

「貯金には2通りあります。人生の貯金とお金の貯金。たとえば私はファッションが好き!って心から思うなら、貯めるよりそこにお金をかけた方がいい場合もある。だって、そこから学ぶものがあるから。これが人生の貯金。でも、後に残らないものに使うくらいなら貯めておくこと。ドブに捨てるお金は絶対に使ってはいけないわ。若いうちは、自己投資=人生の貯金になるなら、私はお金の貯金って必要ないと思うの。ただし目標があるときには貯めるべき。私は26歳のとき独立するって決めて、27歳で独立した。そのときは独立資金として1年で100万円貯めたわ。それから、例外として〝付き合い経費〟の貯金はしておくこと。不意打ちで必要になる冠婚葬祭のお金ね。そういう出費をケチっていると人生で失うものが出てきます」

143 トイレ掃除は基本中の基本。

「トイレ掃除と金儲けが関係してるってよく言われるけど、あれはこじつけね。でも直接ではないけど当たってると思います。だってトイレの掃除という基本さえできていない人は、絶対にまわりに不快な思いをさせているから。トイレが汚いってことは全部が汚い。トイレが汚くて他がカンペキなんてありえないわよ。それから私は爪と靴を見ますね。男の人だったら靴下も。靴下がチャラい男はビジネスシーンで信用しちゃダメ。爪には清潔感が出る。交渉事のシーンで女が女性を前面に出した格好をしてるのも信用できないわ」

144

1円だって汗と涙の結晶。

「自分の稼いだお金は1円だって無駄にしたくない。これはケチとは違うのよ。意味のあることにはちゃんと使うけど、意味がないと思うことには1円も惜しいということ。1円にだって、払うときには意味が必要。財布もそうね。財布の色や形や扱い方が金運に関係するってよく言われるのは、意識の問題よ。お金や、お金を入れておく財布を大切にしない人にお金は寄ってきません」

思い込みは最高のブランド。

145

「ハイブランドのものだと思って持ってたバッグがニセモノだってわかった瞬間、どんなに気に入っていたバッグだって見方が変わるじゃない？　でもニセモノだって知らされなければ、バッグはその人にとって一生宝物。ブランドは、勘違いしてしまえばブランドなの。どんなものでもそう。人も一緒です。自分をブランドだと思い込んでいるうちは怖いもの知らず。思い込みで突っ走ることができるから。自信が壊れてしまったらおしまいね。でも自信って難しいものよ～。実力がなくて自信満々な架空のブランドは、必ず笑われるときがきます」

146

頭のてっぺんから足の先まで、一流は一流。

「下ばかり向いた、さみしい顔に運はつかない。暗い顔でグチってばかりでも運はつかない。だからいつも元気に前向きに努力して生きること！　と私は思うの。お金はさみしいところ、もめてるところ、貯めてるところには寄りつかない。そして人を見抜くの。すごく賢い生き物のように動くものです。人の人生を見抜いて、本物じゃないと思ったとたん波が引くように去っていく。だから正しくお金を手にしたいなら、自分のすみからすみまで振り返ること。ニセモノは必ずお金に見透かされる。一時的にもてはやされてもそのときだけよ。一流と言われ稼いでいる人は、表面的ではない努力の跡があります」

147 見栄はひとつの先行投資。

「お金が集まるのは見栄でもお金が回っているところ。だから見栄は重要。たとえ見栄でも、お金は流れの止まったところより回っているところに集まってきます。でも見栄と見栄っ張りは違う。ここを勘違いしないで。見栄は一時的に自分を華やかに見せる工夫。張りすぎた見栄はただの『見栄っ張り』よ。『見栄っ張り』は自分自身に対するプロデュースが本当の実力より過度な状態。上品さを失わない限度が必要です。ちなみに見栄で集まったお金や成功は、当人がニセモノとわかった瞬間にサッと引いていくものよ〜。地道な努力で勝ち得た結果には及ばないわ」

物欲はパワーの証。

148

「物欲がない時期ってあると思うけど、それはそれでいいと思うの。そういうときこそ貯めればいい。でも、物欲がない時期って自分に覇気がないときよ。年を重ねて生活が落ち着いたり、価値観が変わったりして物欲が薄くなるということだってあるかもしれない。それはそれで悪くないけど、まぁ30代くらいまでは、物欲はある方が元気よね〜。アレもコレも欲しいなんて思い描いて楽しむことは、やっぱりパワーがなくちゃできません。でも注意も必要ね。欲って怖いものよ。自分の収入の範囲で楽しめるならいいけど、欲をかきすぎると人生って破綻にまっしぐら！　背伸びしすぎた欲は、悪い人にとって魅力的なカモです」

149

人の喜ぶところにお金は集まる。

「給与交渉に悩む若い子が多いみたいだけど、じゃああなたの功績は？って聞きたいわ。給料はギブ&テイク。どうやっても給料が上がらないなら、上がらない理由が自分にないかを考えること。会社の都合で上がらないなら、自分の価値を下げないように他の策を練りなさい。お金って人の喜びの感動に払われるもの。他人がうれしいと思うところに集まるの。自分勝手な思いや、平均点の人や物には寄りつかないわ」

150

閑古鳥の鳴くところにお金は寄りつかない。

「同じ物を買うなら、空いてる店より行列のできる店に並んでも買うこと。性質として、お金ってにぎやかなところが大好きなのよ。活気のある店には、店内にも店員にもオーラがある。だからお店を出すなら当然にぎやかなところを狙わないと勝ち目がないし、買い物をするのだってお金が喜ぶ場所で使った方がめぐりはよくなる」

お金がないと、親孝行もできないときがやってくるわ。

151

「お金ってそんなに必要ですか〜って聞かれることがあるけど、必要以上にあるのがいいわけじゃないのよ。でも将来、たとえば親が病気になったとします。すると満足のいく病院に入院させてあげるのにも、苦しくない治療をさせてあげるのにもお金が必要。お金は成功の象徴というだけではないの。人生の手助けにもなるもの。だからこそ、若いときに苦労してでも稼げるようになっておかないと。年をとるほど自分が生涯いくら稼げるか、先が見えてくるものです」

152
目標は「ちょっと上」がちょうどいい。

「何事も思い描かないとそっちの方には行かないものです。私が今まで欲しいと思ってきたものは、だいたいそうなってきたわ。でも実現しないことは口に出さないで、ちょっと手を伸ばせばつかめそうな目標設定が重要〜。目標は励みになるけど、技量以上の目標をたてると目標倒れになりかねません。私は……もう1軒家を建てないと死ねない（笑）。理想の家って3軒目ではじめて建つものなんですって。今までに2軒建てたんだけど、その2軒の反省をいかして、次こそは納得のいく家が建つのかなって思います」

153

金払いは人生の信用。

「お金の払い方で人の器が見えるよね。お金の使い方が美しいのは、意味のないところには使わず、意味のあるところで惜しみなく使える人。たとえばワリカンの1円とか細かすぎることで人間関係が悪くなるのは得策ではないでしょう。1000円、2000円のおごりだって、将来的に返ってくるものがあるなら安いものです。お金は使った分だけ何かのもとをとること。自分に返ってくる『人生のもと』だってとれるのよ」

金運とは努力の結果。

154

「一攫千金はありえない。だからそもそも金運っていう言葉はおかしいわね。お金を手に入れるための勝負運やビジネス運はあるかもしれないけど、お金は努力して稼ぐものであって、タナボタで転がり込んできたお金なんて不幸の始まり！　失うときも早いものよ。身につくお金を手にしたいなら、汗水たらして働くことが大前提です」

155

人生に偶然のおみこしは1度しかない。

「まわりがワッショイワッショイかついでくれる、人生のおみこしの時期というものがあります。芸能界では特にわかりやすいけど、他の業界においてもそうよ。お金はおみこしが大好き。にぎやかでかつがれているところに集まります。でもお金って、そのおみこしが本物じゃないってわかった瞬間に引いていくもの。そして2度目はない。2度目のおみこしには実力が必要、努力も必要です。賢い人は1度目のおみこしに浮かれないわね。そして2度目、3度目を自分で招きます」

156

ローンはまぼろし〜。

「ローンの怖いところは、ローンだといくらでも買えそうな気がするところです。払い終わる前から、自分の物になった気がするところも怖い。でも結局ローンは借金だから、まぼろしよ。錯覚してわからなくなってくるんだよね〜。もちろん組まなきゃいけないときだってあるかもしれない。そういうときは〝差しさわりのない額は給料のいくらくらいまでだろう〟って考えて。無理のない額なら知らないうちに払い終わるから大丈夫です」

収入が減ったら幸せの角度を変えて。

157

貸したお金は戻ってこないと思え。

「あげるという意味ではないのよ。気持ち的に割り切れないなら、最初から貸さない方がマシということ。お金を借りる人って、みんなに借り慣れてることが多いわ。でもお金の貸し借りでは、貸した方がたいていイヤな思いをする。だから平和なのは、そもそも相手に貸してって言わせないことです。あまりに借りグセがある人とは縁を切るのもひとつの手」

158

「結婚や出産、独立とか生活の環境が変わることで、自由に使えるお金がガクッと減ったとき……何かを得るということは、何かを失うということよ。収入が減ることを承知で新しい道を選んだなら、それはそれでいいじゃない。他の喜びも得たはずよ。自由に使えるお金が減って、暮らしを見直さなきゃいけないのなら、気持ちを切り替えましょう。幸せの角度を変えることも、ときには重要です。お金がない時期は、ないことを楽しむ工夫をすること。そういう自分に変われる柔軟性を持つこと。これがいつだって幸せでいられる秘訣です」

159

お金にくよくよしないこと。

「総額何億円ってだまされても、ぜんぜんくよくよしない有名人の方がいらっしゃる。まぁ仕方ないよねってダメージを受けないタイプ。それでいて生活を立て直しているからすごい。くよくよしているところには二度とお金って寄ってこないのよね〜。これはお金の法則です。私も過去に倒れて仕事をまっとうできず、借金したことがあったけど、すぐクリアにしたわ。自分でもよくやったと思うけど、意外とくよくよよしなかったの。だいたい借金はくよくよしてる時点で返せない（笑）！　失ったお金への未練や執着は最悪です」

160

依存症もいきすぎなければ薬。

「買い物依存症かも、って声をよく聞きます。人って弱いから依存症になるんだよね～。何かの依存症。でもストレス軽減になってることがあるから全否定はできないわ。悪いんじゃなくて種類と限度が大事。恋愛や嗜好品への依存でもバランスが重要ね。それから人に迷惑をかけないこと。毒にも薬にもなるということ」

161

「金持ちになりたくない」は言うな。

「今の若い子ってブランドものには興味がないとか、そんなに稼げなくてもいいやなんて覇気のないことを言うじゃない？　だけど最高を知らないで言うのは負け犬の遠吠えよ。負け惜しみに聞こえます。逆に、裕福に育った子が、苦しい環境を知らないのに語るのもよくないけどね。何でも経験してから語ること」

です。どうせ買い物がやめられないなら、将来の自分を支えてくれる物を買いなさい。私は30代の終わり頃から〝これが私のプラスになっていく〟物しか、買わないようにしています」

162

バクチに運は使わないこと。

「賭け事でツイてるときって、何かを失ってるわよ。運やエネルギーって限られてるもの。一攫千金は成り立たない。私は、たとえば馬券売り場に行くだけでも運が落ちるような気がするんだけど、趣味の範囲で決めてやってる方もいらっしゃるから。そういう人はいいんじゃない。でも、バクチに勝つのは運がいいんじゃなくて、運の落ちていく始まりよ。だって努力せずに急に手にしたお金って、人を狂わせる力がすごいから」

本物ほど地味な暮らし。

163

「本当のお金持ちこそ地味に暮らしていらっしゃる。家や車、かけるところにはかけるけど、品の良さが違います。急にお金を稼いだ人は使い方が派手よね。意味のある使い方ならいいけど、いきすぎると品がなくなるんじゃないかしら。旅館の女将で一流の方って『地味派手』の着物を選ぶのよ。それと一緒。パッと見は華美ではないのに、よく見ると高価で洗練されている。センスにムダがないの」

164

稼げば稼ぐほど、心は不幸なもの。

「お金の魅力にとりつかれると、人の心まで買えると思うようになるものです。でも実際はそんなことってないよね。それから、お金と権力は一度持つと維持しなきゃいけなくなってくる。お金は循環しているところに集まるから、流れを止めることもできない。これってお金持ちだけが味わう心の闇。だからお金を手にすればするほど心の浄化が必要になってきます。大金を手にして心穏やかに暮らしている人こそ、世のためにお金を使っていらっしゃるのは、そういう理由だと思う」

独立して6年は土日、朝5時半起きで成人式の前撮りに行ってたわね。

「独立や起業をしたら10年くらいは、休みなしに働くくらいの勢いじゃなきゃ本物にはなれないと思う。人と同じように寝て、食べて、遊んで……同じような生活をしていたら、成功なんてどこにもない。人が寝て、食べて、遊んでいる間に10倍も20倍もがんばった人に、そこそこのお金が少しずつついていくものです。私は独立して最初の6年、平日はテレビや雑誌のヘアメイクの仕事を日に3本も4本もかけ持ちして、さらに土日を成人式の前撮りの仕事で埋めていました」

165

166

ビジネスは3本柱。

「30代で経営者をやって思ったのは、3という数字の重要性。自分に対して課したルールも3でした。①本物の仕事をすること②フットワークを軽くすること③相手を想った付加価値をつけること。それから独立して強く意識したのは『3つの仕事』ね。クライアントも仕事のジャンルもつねに3本柱よ。3本柱を絶やさないようにしてきたし、どうやって柱を3本つくっていくかを考えてきました。柱が2つしかないと、1つを失ったとき動揺するでしょう。でも3つあれば、次を築く心の余裕を失わないから。私、うまくいってるときって、だいたい『3』なのよ〜」

お金と環境は、必ずセットでやってくる。お金は逃げ足が早い。

167

「稼ぐことが悪いわけじゃないの。純粋に稼いで、まっとうなお金を使っていこうと思う人に、おかしな環境はやってこないわ。でも、お金を稼いで人の心までお金で買えると思ったり……感覚がおかしくなると、自分のまわりの環境までおかしくなるものよ。悪い人の目にもとまりやすくなります。本当に、お金と環境はセットでやってくるの。だから、特に稼いでいるときは絶対に初心を忘れないこと。使い方を間違えないこと」

「お金は明るいところ、にぎやかなところ、活気のあるところが大好き。逆にさみしいところ、もめてるところ、停滞しているところが大嫌い。生き物っていうと言いすぎだけど、お金に魂はあるよね。すごく賢いし、持ち主の本質を見抜きます。にぎやかそうに見えるとワッと寄ってくるけど、そこの中身が空っぽだとサッと引く。だから、お金がワッと寄ってきたときに勘違いをしないこと。金銭感覚を狂わせないように」

168

苦労話は乗り越えた後に。

「苦労の真っ最中のとき、苦労話をすると人の波がどんどん引いていく。これはゴールデンルールです。その苦労に関わりたくないし巻き込まれたくないから、みんながドン引きするんだよね。一方で、成功している人が乗り越えてきた苦労の話はみんなが聞きたがるもの。結果を出しているから、その話には成功のヒントがあります」

169

170

お金は魔もの。

「お金は魔ものです。人生を破壊する威力があるけど、うまく使えば人生の手助けにもなる。お金なんてなくたって幸せ、なんて真っ赤なウソ。貧乏が悪いわけじゃないけど、悲しい思いをする。これは貧しい生活をした人じゃなきゃわからないわ。お金でくやしい思いをしたとき、うらみぶしは役に立ちません。くやしいと思ったとき、くやしい気持ちは心に叩き込むこと。そこでふさぎ込むか立ち上がるかが人生の分かれ道。自分に何が足りなかったのか、生き方を見直すチャンスだと思いましょう。30代までは、生涯しっかり稼げるように今を精進していくことが大切よ」

第五章

人生の格言

171

喝采を浴びた品々に囲まれて生きていきたい。

「ブランドであればいいということではなく、喝采を浴びるものというのは特別な付加価値の魅力があるということ。その唯一無二の特別感からは、人生を高めるため学ぶことが多くあります。美しいものや極上のものは数あれど、喝采を浴びるほどのものはほんの少し。それらに囲まれ、その魂をもらって生きていくのが私の美の哲学」

自分が極上になるほど忘れがちなのが「可愛い」の心。

「年を重ねて粋を極めて、凛と生きていこうとするほど可愛らしさは忘れられていくもの。仕事のキャリアを重ねても『可愛い』は忘れられがち。でもそれじゃあとがった性格になっちゃう。だから私は永遠のガーリッシュを忘れないようにしてる。『可愛い』は、とがった嫌な女にならないためのビタミン剤」

172

173

個性とは頭の中の世界観。

「いつも頭の中に何を思っているか——それがその人のオーラとなって現れる。たとえば仕事ばかりしてると色気がなくなるって言われるけど、そういうときって、頭の中に異性のことを考えない習慣がついてしまってるのね。一方で、頭の中で仕事がイヤダイヤダって常に考えてたら、それは絶対に表に出る。だから、頭の中は常に美しいものや成功のイメージで満たしておくこと。その蓄積された美学が、あなたの個性」

174 審美眼を養うこと。

「**審美眼は美しいものを見続けることで育ちます。**極上のものに囲まれて、すばらしいものがたくさんある環境に身を置くこと。手に入れられないと思えば、美しいものを目にすることができる場所へ、なるべく足を運ぶことだと思います。**審美眼は積み重ね。**だからその環境を失うとすぐに損なわれるのよ！」

「『エルメス』のバーキンやケリーは、バッグの最高峰。30代の頃は40個くらい色違いで持っていました。でも30代後半に、生涯私を支えてくれるクロコだけそろえようと決めたの。当時のバッグはほとんど手放し、出直しました」

「『ダイアナ・ヴリーランド』のDVDは、特にそのカバーの世界観に心酔。ツィギーをブレイクさせたり、若かりしイヴ・サンローランやバレンシアガの初の個展を開催し大成功をおさめた、伝説のファッション・エディターよ」

「着物から人生の格を学ぶのよ。着物は、私は絶対に着物デザイナー・池田重子先生のオートクチュール。先生の美意識、感性の世界をまとうということに意義がある。そこから学ぶことには、お金に代えられない価値があります」

「30代でお誕生日にいただいて以来『バカラ』に魅せられました。繊細で彫刻のような趣き。家のグラスはほぼすべて『バカラ』です」

「ジュエリーはあまり追求していないけど、30代のとき、ずっと持てるのは『カルティエ』と言われて購入。それから変わらない存在感はすばらしいわね。私にとって特別な指輪は『ヴァン クリーフ＆アーペル』のアンティーク」

「香りで選ぶなら他にも好きな香水はたくさん。でもボトルを愛でるならこのラインナップ。この『ゲラン』の香水瓶は、バカラで作られた限定ものよ」

「メイクアップには流行があるけど、独特の印象を守り、更新し続けているのが『M・A・C』のピグメント。この輝きは他にはないわ」

175 感動するものから学ぶこと。

「目も心も奪われるものに出合うと『なんでだろう？』って学びたくなるの。この感動が、私の進歩の1歩。人でもそうよ。いくらキレイな人でも心が動かない美人には興味がわかない。心を奪われるほどの人からは、必ず学ぶところがあります。それから、一生懸命生きている人に出会うと感動するわね。最近は探さないと出会えないほど感動を

「生活の一部であるスキンケアにこそ、極上感を。美容は本業だし、世界最高級の化粧品は、永遠に自分の肌で感じ続けていきたいの」

「昔はデートのたびに新しい靴を買っていたほど。靴は女の価値を上げてくれるわ。この『セルジオ・ロッシ』は、細工もピンヒールもパーフェクト！」

「自分の美学を曲げずにつらぬく、私の憧れがこの３名。五代目・坂東玉三郎さんは所作が絶品。美輪明宏さんは存在感が格別。越路吹雪さんはゴージャスな衣装と世界観、独特な表現が魅力です」

与えてくれる人は少ないけど……。**感動が足りないとき、私は海外に行きます。**海外に行くと景色や建築物など、目と心を奪われるものに多く出合えるから」

176

平均点には目がいかず。物を捨ててばかりだと前には進めない。

「平均点って、よくも悪くもないということ。だから私は自分自身の評価を〝大丈夫です〟と言われるのは好きではないの。いいか悪いかを聞きたいのに、大丈夫というのはよくも悪くもないということだから。平均点に落ち着かないためには、いいものも悪いものも見ていくことが重要ね。よし悪しのさわどい紙一重の線を見極められるようになると洗練が身につきます」

私の美学は底なし沼。

177

「底なし沼って、つまり進化し続けるということ。進化に終わりがないの。生っちょろい人生を生きてきた、みたいな女にはなりたくないわね〜。60代、70代になったとき、フランス映画界の大女優ジャンヌ・モローのような凛とした雰囲気のある女になっていたいわ。年を重ねてからしか得られない、風格を感じさせる美しさってあるのよ」

178

「年を重ねるということは、余分なものも抱えていくということ。だから残すものと処分するものを選んでいかなくちゃいけない。持ってるものの中でも使わないものは捨てて、新しい風が入ってくるように。たまりすぎたものをうまく整理していかないといけないわけです。でも、なんでもかんでも『物を捨てないと入ってこない』は一番ダメ。それでは何も増えていかないもの。何もたまっていない人は、まずはためなくちゃ。それでいて『ここまでたまったら整理しよう』を少しずつ繰り返して、前進していくこと。捨てるばかりがいいことではないのよ、前進していかなくちゃ」

17

軸はブレちゃいけない。

「踊りにしてもウォーキングにしても、ヘアメイクやヘアカットにしても、上手な人は1本の軸を支点にして動く。軸がブレることはないの。人生も一緒。人生の軸がブレるということは思いが弱いということ。何も成し遂げられません。軸はブラさず、途中で違うなと思ったら軌道修正をしていけばいい。自分の心の奥底の思いの部分は曲げず、目標を見直して。軌道修正とブレは違います」

180

傷ついた気持ちは、すぐに忘れて心に刻むこと。

「嫌なことはすぐに忘れた方がいい。頭でくよくよ考えてると、他に影響を与えちゃうから。くよくよしてるだけで関係のない場面にまで悪影響が出るのよ。傷ついたり悲しかったりした感情は、流して流して過ごすこと。頭の中ではすっかり忘れて、体にたたき込む。表には出さずに心に刻ませていただきましょう。その悔しさがバネとなって成長できるわ」

嫌なことを人に任せてばかりだと、人生は薄っぺらくなる。

181

「嫌なことから逃げ続けていたら進歩がないということ。ただ、何もかも自分でやろうとするとパンクするよね。だから目の前に課題が現れたときは見極めが重要。その分野を極めていこうと思うなら、進化させなくちゃいけないから嫌でもやるべきよ。でも、その分野を自分が極める必要はないと思うなら人任せにしてもいい。すべての嫌なことを誰かに任せていたら成長はありません」

「自分のやったことは必ず自分に振りかかってくる。何かをした、その相手に仕返しされるという意味ではなくて、まったく違う人にやられるということ。自分の行いは、巡り巡って自分の元に戻ってくるものです。そういう場面、私もたくさん見てきたわよ～。だから、正しく生きていきたい」

182

因果応報。

183

やっかみに深入りするとケガをする。

「やっかみは気にする必要はないけど、タチが悪いから気をつけること。他人に反感を持たれたら、まずは自分も傲慢になっていないか省みることが大切ね。でも自分に思い当たるフシがなくて、本当にただのやっかみなら、距離をおいて淡々と失礼なくお付き合いすること。いつも以上に礼儀正しく振る舞うことよ。どっちにしたって言われるんだけど、『もういいや』って開き直るのは最悪。火に油を注ぐことになります。やっかみって本当にやっかい。だから気をつけなくちゃいけない。淡々と接しているうちに、相手の気持ちが違う方向に向いていくのを待つしかないわ」

184

40歳くらいまで、人生にムダはない。

「人生におけるムダって、若いうちはないわよ。多少の遠回りをしたって、すべての経験がこやしになる。時間だってあるし、経験がすべて将来につながるわ。人生のムダが生まれるのは40歳を過ぎてから。残り時間もエネルギーも少なくなってきてるのに、遠回りしてる場合じゃないわよ〜。40歳にもなってたら、だいたいの経験は積んでいるはずです。それで同じ遠回りを何度も繰り返しちゃうのは1回1回の反省が足りない証拠ね。そんなじゃ幸せに到達しないわよ」

自分の人生に対して誠実に生きること。

「これはもっとも重要。嘘いつわりなく、まっすぐに生きること。正しく生きていれば自分の人生に影が落ちることってないわ。それでも、あらぬ誤解を受けるときだってあるかもしれない。それは自分に誤解を招くスキがあったということ。誤解はその場で解消するのが一番いいけど、それが無理なら嵐が過ぎ去るのを待って、乗り越えていくしかないよね。どんなに気を遣っても誤解を受けるときは受けるから。それでも、まっすぐに生きていくこと」

185

186

年相応でいいのと思った瞬間老けていく。

「年相応とは外見にその人なりのムダがないこと。50歳過ぎて20代のときと同じ美しさを求めちゃいけないわ。20代の頃と同じ美しさがあると思うと、苦しみの原因になるわね。20代と同じようになろうとするのは痛々しいし、がんばりすぎ。50代には50代の美しさがあります。でも『年相応でいいの』と諦めが入ったら、すぐに老けていくわよ。何もしないのが年相応というわけではないから。『年相応の美しさ』とは人の倍以上努力して、ようやく手に入るもの」

187

世の中って腸内環境と同じよ。

「腸の中には善玉菌と悪玉菌が合わせて30％と、『どっちつかず70％』っていうのがいるらしいのよ。その『どっちつかず70％』は、善玉菌が優位なときは善玉菌の味方、悪玉菌が優位なときは悪玉菌の味方をする。それで腸内環境がよくも悪くもなるんですって。私、これを聞いて、世の中とまったく同じじゃな～いって思ったよね。つまり、どこの会社にも集団にも『70％の優柔不断』がいる。そして残りの30％が『成功する人』と『足をひっぱる人』。100人いる会社なら70人が優柔不断ってこと。それで、『成功する人』が組織の中で優位なら、70人はそこに倣う。会社はきっとうまく回ります。でも

『足をひっぱる人』が優位なら、70人は一緒になってサボるのよ！　こういう企業を、私はたくさん見てきました。私が経営者をやっていたときもそうだった。──私？　私はビフィズス菌よ（笑）。経営者や管理職は、善玉菌や悪玉菌や『どっちつかず70%』を調整して、腸内環境を整えるのが仕事です」

188 年を重ねてわかっていくこともある。

「20代はしがらみがなくて苦労もそこそこ。人生が思い通りの時期。30代で思い通りにならないことに出合うわね。40代で新たなステップに入り、人として余裕が出てくる。そして50代でまわりを見渡せるようになり、すべてのメンテナンスに入っていく。それができた人たちが、60代からまた、いい年のとり方をしていくんだと思う。これって自分で経験してみないとわからないから、たとえば30代の苦しみは20代じゃ絶対わからない。それが人生のおもしろみ」

人生の深みは黒目の中に現れる。

「苦しい思いをして、多くの山を乗り越えてきた人は黒目の奥が違います。積み重ねた経験値が、黒目の中に奥ゆきとなって現れる。だから苦労も何も知らない人生を歩んできた人は、黒目の輝きが薄っぺらいわ。いくら年を重ねても、こればっかりはラクして身につくものじゃない。若い頃の苦労は、人生の深みを宿すためと思って逃げずに受け入れること」

9

18

190

選ばなかった人生への悔いは全然ないわ、私はっきりしてるから。

「人生で何かの選択に迫られたときは、だいたい自分で解決してる。相談を絶対にしないの。だから悔いがないのかもしれない。相談事って、相談の仕方が悪かったり相談する相手を間違えたりすると、それによって違う答えが返ってくるじゃない。その答えに翻弄されて道を決めると、うまくいかなかったときに絶対に相手をうらんじゃう。うらまないようにしようと思ってても、絶対に気持ちがそうなる。だからどうなっても人をうらまないように、決断は必ず自分。経験者に参考意見を聞くのはいいと思うのよ。でも、成功している人の意見を聞くこと。失敗した人の意見にはグチしかないわ」

191

迷ったときは原点回帰。

「生き方に迷ったりつまずいたりしたときは、初心に戻ることね。光が見えなくなったら、スタート地点を思い出すこと、原点に帰ること。私だったら、まずいったんすべてを思い出すわね。最初に目標を定めたときの気持ちから始まって、次に何が原因で今つまずいているのかを考える。大切なのは、そこから生き方の軌道修正まで考えること。初心に戻るだけではダメ。人生の目標を再設定することで、また日々がんばれるはずよ」

192

生きてる限りゴールなんてない。

「人生のゴールって、きっと自分が納得したとき。でも私は絶対ず～っと納得しない（笑）。やってもやっても自分の目標が高くなっていくから、追いつかないのよ。だから今だって、人生に対する達成感はまだ全然ないわ」

193

平坦な道を歩いてると幸せは感じにくいよね。

「私にとって幸せとは『今を生きてる〜！』って感じる瞬間のこと。いろんなことがあって乗り越えて、『は〜乗り越えた！』っていう充実感は幸せね。これって平坦な道を歩いている人には感じにくいこと。デコボコ道の人生を歩いている方が、うれしいときに、よりいっそうのありがたみを感じます」

194

満ちあふれた自信は凶器。

「勘違いした自信って一瞬は宝。ある程度までは勘違いで伸びていくことができるから、ダメなときは自信を持たせてあげて育てるのも手。自分でも自信のないときに、自信をつけさせてくれる人をまわりにひとり置いておくと、うまくいくことがあるわ。でもいきすぎは危険。まわりが見えなくなって失敗するわ。自分が自信に満ちているなと思ったら、まずは謙虚になること」

195

調子のいいときに挑むこと。

「私はけっこう挑むタイプね。難しいって言われる状況こそ、挑戦しようと思っちゃう。世間一般で賛否両論でも、私がいいと思えば挑む（笑）。調子がいいときはどんどん挑むべきだと思うわ。でもね、調子が悪いときに挑んでると『あの人、落ちたね』って言われるから要注意よ〜。調子のいいときは無茶を成功させる気迫があるからいいけど、調子の悪いときは無謀なだけ。いい結果だって出ないことがほとんど。おとなしく不調の時期をやりすごす勇気が必要です」

196

親孝行は親の生きているうちに。

「人間って70代なかばを過ぎると、少しずつ子どもに戻っていくのよ。そうするとバトンタッチ。育ててくれた親への恩返しも込めて、お世話をする必要が出てくるわよね。でもそのときを待っていたら、そこまで親が生きているかもわからない。だから親が元気で生きている間に、喜ぶことをしてあげること。そのうちなんて言ってると、機を逃します」

197

岐路にたったとき大切なのは直感。

「人生の岐路にたったとき、AかBかの道を選ぶとき、私は第1インスピレーションを大事にします。すごく直感を大切にする。どんな元気な魚も、水の合わないところにいると弱るじゃない？　だから人生の道が2つあるとき、どちらの水が自分に合うかはすごく重要なの。たとえば転職でA社とB社で迷ったとする。A社が条件面でよさそうでも、環境が合わなさそうだったら仮に入っても続かないわ。その道で生きていけそうと自分が思えるかどうかが大事です」

トラウマを越えると人生の次のステップが始まる。

198

「トラウマって言うとおおげさかもしれないけど、心に傷が残ったら、私はひとつの壁だと思ってるの。傷ついても、小さなことだったらすぐ気分転換できるじゃない？　でもいつまでも残るってことは、それは人生の壁。乗り越えなきゃ、人生の次のステップに進めないのよ。通らなきゃいけない道なんだと思うようにしています。傷が本当に消えるまで、対策を練るわ」

生き方は
ひまわりのように、

199

たたずまいは胡蝶蘭のように。

「ひまわりって花びらがたくさんあるでしょう、そして必ず太陽の方向を向いている。若いうちはひまわりのように生きるのが素敵ね。花びらという、人生の引き出しをたくさん増やしながら大輪の花で明るく陽気に。そこからいろんなことを味わって、胡蝶蘭を目指していく。年齢を重ねて、明るい女から凛とした女になっていくの。そうね、30代はまだひまわりでいいんじゃない？　役職や立場でも変わってくるけど、基本的にはひまわり。40代で可愛かったりキレイだったり、ひまわりになったり胡蝶蘭になったりする。それから50代になったら胡蝶蘭。……あんた、50歳過ぎてひまわりはおそろしいわよ（笑）」

「私の人生の最大の敵は『丸暗記』。学校の勉強に意味なんて考えなくて、テストの前に教科書を丸暗記。それが、19歳で美容室に修業に入ったとき『応用がきかない』って言われて愕然としたの！　そのときから、たとえば『1＋1＝2』って教えられたら丸暗記していた私が、その意味を考えるようになりました。物事にはすべて意味がある。人の感情のドラマ、人生で起きる出来事、自分にふりかかる災難、すべてに意味がある。この真理を考え始めてから、すべてがおもしろくなったわ。年を重ねて理解できたこともある。当時イヤだな～と思ってた先輩方にも、今では心から感謝しています。遠回りをいっぱいしたけど、おかげで今の私があるんだよね～。人生って生放送だから、編集や修正がきかないのよ（笑）。だけど泣き笑い、すべて私の人生だから――今度生まれ変わってもIKKOでいたいわ。いろいろあっても捨てたもんじゃない。思い通りにいかない人生の方が、味が出るものよ♪　最後まで読んでくださった皆様へ、心よりの感謝と愛をこめて♥　IKKO」

今度生まれ変わっても、IKKOでいたいわ。

200

協力

RMK Division　℡0120・988・271
ADDICTION BEAUTY　℡0120・586・683
アリミノ　☎03・3363・8211
アルマダスタイル　☎06・6390・3511
イヴ・サンローラン・ボーテ　☎03・6911・8563
大塚食品　☎088・665・6550
ゲラン　℡0120・140・677
コージー本舗　☎03・3842・0226
シスレージャパン　☎03・5771・6217
下鳥養蜂園　☎0287・23・3838
シュウ ウエムラ　☎03・6911・8560
ジュリーク・ジャパン　℡0120・400・814
ジルスチュアート　ビューティ　℡0120・878・652
スカイ・ラボラトリーズ　☎03・6805・1313
セザンヌ　℡0120・55・8515
ドゥ・ラ・メール　☎03・5251・3541
NARS JAPAN　℡0120・356・686
ヘレナ ルビンスタイン　☎03・6911・8287
ボビイ ブラウン　☎03・5251・3485
マックス ファクター　℡0120・021・325
満天社　☎06・6708・7744
ヤクルト・ビューティエンス　℡0120・8960・81
ランコム　☎03・6911・8151

※掲載商品の価格はすべて2014年11月時点の本体価格（税抜き価格）です。
※衣装はすべて本人私物です。
※15　マスカラ協力／ヘレナ ルビンスタイン
※21、22、23、24　チーク協力／RMK Division、シュウ ウエムラ
※199　写真協力／AFLO

制作

撮影
富田眞光（Vale.）［IKKO、174、175］
山下拓史（f-me）［モデル］　SHINMEI（SEPT）［静物］

スタイリング
金子美恵子　西村眞澄

メイク
高場佑子

ヘア
鷹部麻理（G.FORCE）　佐藤法子

着付け
森合里恵

モデル
Jina

デザイン
高橋智樹

校正
麦秋社

編集
松永裕美

IKKO 心の格言200

2014年11月29日　初版第1刷発行

著者　IKKO
発行人　和田知佐子
発行所　株式会社エムオン・エンタテインメント
〒106-8531　東京都港区六本木3-16-33
☎03-5549-8737（編集）
☎03-5549-8742（販売）

印刷所　大日本印刷株式会社

ISBN978-4-7897-3635-0
Printed in Japan